U0111362

大展好書 ✕ 好書大展

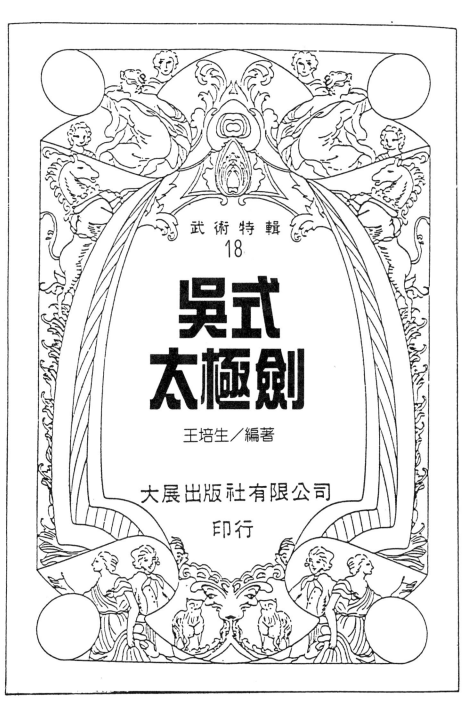

武術特輯

18

吳式
太極劍

王培生／編著

大展出版社有限公司

印行

序

余自幼常聽「劉邦仗劍斬蛇」，「祖逖聞雞起舞」的故事，深愛劍術。方孩提時，則削木為兵，當庭而舞；年及長，投師學藝。當時貪戀套路花式，曾學「三才劍」、「純陽劍」、「青龍劍」等多種套路，翩然起舞，自覺愉悅。

然此時，實不知劍術之內涵，甚至勾、掛、劈、斬的簡單攻防意識，皆不明。那些紛繁劍路，也隨著學業增多，無暇練習而淡忘矣。

二十六年前，余進北京師範大學文學系讀書，得遇吾師王培生先生，學拳談藝，始覺培生先生武學之博大精深，實非前人能比。

後從培生師學劍術三十二式。此劍術最基本之路數也，然而，經先生剖析示範，則劍術之真髓，每招每式之神韻，昭然若揚也。

二十年前余曾將此三十二式，教授師大體育教研室之女教師，作為師大女生教材推廣。去歲在文化部幹訓班，又向同班諸友傳習，將培生師傅授之劍理，略敍一二，則學者驚喜，紛言「聽君一席話，勝練十年劍」。

余實拾吾師培生先生之牙慧也。而三十二式，乃劍術入門，此吳式太極劍六十四式，才是劍術之上乘也。披閱培生先生之書，深覺此書可稱劍經集錦，技擊精義。劍乃百兵之君，此《吳式太極劍》一書，每招每式，先生皆細剖詳論，以拳理釋劍技，養生健體，制敵取勝之道皆明也。

細讀此書，潛心演練，則不只能得吳式太極劍之法門，而

且可悟出中國劍術之真諦，進而得短兵之要領也。

　　劍技之道，自春秋戰國越女論劍，到晉文帝曹丕巧勝鄧展
將軍，可謂源遠流長矣，然此部≪吳式太極劍≫實貫古裏今，
集劍術之大成也。

文化部中國藝術研究院
≪舞蹈藝術≫叢刊副主編　劉峻驤

前　言

　　寶劍是百般兵刃之帥。優美的劍術起若飛鳳，落如游龍。體態溫柔而剛健，形神文雅而大方。舞劍不僅可以鍛鍊體魄，還可以陶冶人的性情，使之卻病延年，永保青春。所以劍術實為勞動人民所創造，也為勞動人民所喜愛。故此劍術之道，歷史悠久，代有人傳。

　　據說西漢辭賦家司馬相如就善此道。唐代著名武術家裴旻將軍在馬上舞劍時，也常常出手「擲劍八方，高數十丈」，並能以劍鞘承接。這種準確性、技巧性近似雜技藝術。福建京劇團的≪真假美猴王≫中孫悟空耍劍，就運用了裴旻劍鞘接劍的技巧。可見古書中的描寫並非虛妄。

　　在清之道光、咸豐、同治、光緒、宣統及民國初期，北京有許多著名的武術家如：「雄縣劉」（劉世俊）為岳氏連拳的傳人。他的高足「大槍劉」（劉德寬），後來拜董海川為師學習八卦掌。紀德（字子修）也是「雄縣劉」的入室弟子，他在北京旗營（神機營）又從揚露禪學習太極拳、械。同時，紀德又與旗人全佑、常遠亭等人常相往來，在一起鑽研技藝。他們集體總結出了「四勢槍五趟、七星桿、太極粘桿、太極刀、太極劍、七星劍、判子降魔劍、純陽劍、昆吾劍」等等。

　　後經全佑之子艾紳（即吳鑒泉）和其門人王有林（字茂齋）、郭芬（字松亭）等人秉承前人所授之技藝再傳後人。紀子修和吳鑒泉過去在北平體育研究社任教時，曾將上述各項器械套路作為國術教材。王茂齋也將太極拳、械傳給了得意門生趙鐵安、楊瑞霖（字禹廷）、彭仁軒（字廣義）等人。

　　楊禹廷善長劍術，得楊師真傳者趙安祥（字步雲）、吳連禎、王力泉（字培生）等人接續相傳，此劍現流傳很廣。

　　吾自幼愛武，尤愛劍術。早年蒙楊禹廷老師傳我吳式太極寶劍真藝，多年來遵師囑秉藝志，朝夕演研從無間斷，集幾十年體用心得，深感此藝意興無窮。

　　為了繼承和發揚吳式太極劍的真藝，願和志同道合者共勉，集自己多年的體用心得，整理成册供讀者研習參考，並希同好指正。

王培生

目　錄

第一節　吳式太極劍的特點

此劍共六十四勢，亦稱十三勢劍。它的姿勢優美，用法奧妙。動作全以腰腿為主，但均不脫離拳理，更要依據練拳之原則進行習練。

（一）身法方面

應做到「虛領頂勁，氣沉丹田，含胸拔背，鬆肩墜肘，力由脊發。」其出劍內勁起於丹田，發自脊背，由臂達於劍尖。發時要有的放矢（如矢之赴的），勇往直前。人劍微動而己劍已到。由著心悟體練，然後可以出神入化。此時方能呈現出「身隨劍走，劍掩身形，身劍合一」的身法特點。

（二）手法方面

應注意運用十三字訣，尤要做到不招不架，不封不閉（即使對方器械與己劍不磕不碰）並且要以「逢堅避刃」、「遇隙削剛」的性能來施展劍法的特點。

（三）用勁方面

①應按每一劍法的作用和目的運動。一般動作，應掌握悠然持久，含神不露，含勁不發，著剛柔相濟之勁，所謂全柔者不能達其法；全剛者不能貫其意；剛而不強，柔而不弱，此屬練劍中易學難精之處。初學者多半會呈現出動作僵硬、間斷或姿勢不準確等情況，這不僅是由於腰腿沒有功夫，而且是對於

劍的動作要求和要領不夠明瞭所致。

②必須知道「劍」（除尖刃外），為兩面有口利器，不分反正面，兩面均可使用，而且非常銳利。所以決不可有以手抽拉或靠近身體或盤頭攔腰等動作，否則一不留意便會發生事故。此外，還應知道舞劍和劈刀的動作有截然不同的要求。常言道，「刀如猛虎」「劍如飛鳳」，可見其特點與風格皆不相同。如：劈刀，動作多半是纏頭過腦，裹腦纏頭和搧砍劈剁，勝挪閃戰，躥蹦跳躍等；然而，舞劍則沒有上述動作，舞劍時必須周身輕靈，動作敏捷，精神提起，功貫于頂，呼吸自然，眼視劍尖，使精氣神與劍合一。

③握劍與用勁的關係很重要。持劍必須得法，即「手心要空使劍活，足心要空行步捷。」這就是說，手持劍須輕鬆靈活，不可握劍太緊，有礙活用。只須以大指、中指、無名指三指持之，食指與小指宜時常鬆開，掌中亦當空虛如持筆狀。這樣才能使全身的勁兒，由腰、肘貫穿劍身到達劍尖，方能鍛鍊出優美的劍法。如果死把緊握的話，勁力便會停滯在手臂，不能達到劍鋒；握得太鬆，軟弱無力，劍身容易擺動，同時易被對方擊掉。

寶劍使用時，效用最顯著處，還是用來攻人手腕。在與人用武器格鬥時，如能首劍其腕，則對方所持器械即失其效用。過去所用的名劍在劍鋒二三寸處必須非常銳利，用此處可攻人之腕，刺人之心，刺人之膝。

此外，用劍時應注意，務使另一手常置劍鐔之後，勿越過前。所謂「單刀看手」「寶劍看鐔」即指此而言。

對於劍訣（即訣指）捏法，應將拇指和無名指及小指屈扣一起（勿使指甲露出），食、中兩指開攏伸直，如此可以起到調氣的作用。

在用劍時，應注意劍法、劍訣等基本要領。

所謂劍法（又稱亮掌訣），即將食、中兩指開攏伸直，無名指和小指的中節與稍節屈扣向後；拇指稍節屈扣向前即妥。劍法既可用於點人穴道，又可以輔佐劍術使用中的不足之處。

劍訣與劍法，雖然在手形上和作用上有所不同，但對於身體的平衡動作和穩定重心所起的作用是一致的。這中間有著極其重要的關係，尤對用劍的助力關係甚為明顯。它好像飛鳥的翅膀那樣協調，左呼右應，自然開合，雙手要有充分連絡才能發出充足的勁兒來。

吳式劍的主要特點在於實用，因為它沒有空招，每個動作都有其技擊作用。同時，它的動作姿態也是優美的。吳式劍的每一招、每一式都是根據太極拳的理論和要求進行運轉和操練，所以在完成定勢式動勢中，都是通過「進攻式防守」的需要而產生的「陰陽、虛實、動靜、剛柔」等等變幻無窮和優美大方的姿勢。

在實用中又依據「方可成圓，圓可成方」和「順乎自然」的要領而呈現出形形色色、各不相同的雄健和剛柔的形象。所以舞劍時，盤旋回繞翻舞，人猶如游龍，劍光恰似閃電：動急則急應，動緩則緩隨；忽隱忽現，變化多端。只有這樣，才能真正體現出舞劍所謂之「舞」字之含意。同時，通過此劍內景與外象的巧妙配合，則又表現出它精煉而較高的藝術性。

第二節　舞劍的基本知識

（一）劍的各部位名稱

　　劍是兩刃而有脊，自脊至刃之腊刃，又謂之鍔；刃以下與把分隔者，謂之首；首以下把握之處曰莖；莖端施環曰鐔。

　　上述各部位名稱，在一個位置上就有幾種不同的稱呼。如劍尖稱作劍鋒，又名鼻端；劍莖又名劍柄、劍把；劍首又名扶手、護手、吞口、雲頭、僵月環；劍身，首以上統稱為身；劍脊又名劍背、劍鍔；劍鞘又名殼；挽手稱劍袍，又名穗頭、流鬢。

　　太極劍系屬於步劍，動作比較複雜，起舞盤旋劍圈很多，所以這種絲繩的穗頭很容易纏著自己的手臂反覺得累贅。同時，由於左右手持劍輪換的次數頻繁，故不應有穗頭。古人講，文劍有穗，武劍無穗，即指此而言。

（二）劍把的名稱

　　劍把的名稱，一般是根據握劍的手形而定，了解這一點後，再學習劍之用法，對於當時所使的是什麼字訣的劍法，則應配合什麼樣的劍把得利與不得利的關係，就容易理解了。

　　吳式太極劍的劍把名稱有下列七種：

1.陰把

凡手心朝天，手背朝地（或手心的角度大部分朝地）者
（圖A-1）。

圖A-1

2.陽把

凡手背朝天，手心朝地（或手背角度大部分朝天）者（圖
A-2）。

圖A-2

3.順把

凡手心朝左，大指朝天，小指朝地（或手心角度大部分朝左）者（圖A-3）。

圖A-3

4.逆把

凡手心朝右，大指朝右，小指朝上（或手心角度大部分朝右）者（圖A-4）。

圖A-4

5.內把

凡手心朝自己，手背朝外，拳骨朝天或朝地者（A-5）。

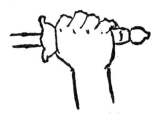

圖A-5

6.外把

凡手背朝自己，手心朝外，拳骨朝天者（圖A-6）。

圖A-6

7.合把

又稱陰陽把，凡左右兩手，手心相向同時握住劍柄者（圖A-7）。

圖A-7

（三）挽劍花

又名劍圈。劍圈即是此式與彼式御接中的過渡動作，是防守和攻取的方法。例如，人們常說的使了個花招是「虛」，而劍點則為「實」。當然，花招是虛提一下，是聲東擊西，給人一個虛空假相。其實，行劍圈的方法也是虛虛實實變化多端的。以手腕為軸心向進取的方向抖出一種勁兒，這是有的放矢，這個矢與的的結合點叫劍點，使劍尖畫出大小不等、形狀不同的弧線或圓圈，這一動作就叫劍圈，或稱攬花、打花、繞花（挽花）都是一個意思，故劍圈即劍花。

劍花的大小全憑腕、肘、腰三部分的轉動和步法的配合。比如，手腕摔一下轉出的劍花，可像碗口一樣大，也可以像水桶一樣大；肘節轉一下，劍花可像車輪一樣大，也可以像桌面那樣大；腰部扭一下，再加上步伐，這個劍花大得可以和橋洞相比了。

一套完整的劍路必有各種不同形狀的劍圈，若能將這許多劍圈用均勻的快速度御接成為一體，圍繞周身的四面八方，使劍花旋轉無空隙可入，長此鍛鍊下去方能達到「只見劍光不見人」的高深境界。

常見的劍圈有以下幾種：

1. 平面圈

又叫雲頂。就是在自己頭上畫一個圓圈。

【作法】

劍尖向前，平面向左，經右由右後向前（如搖搖旗子）用陰把劍攻敵者，稱順挽平面花；倒轉方向稱逆挽平面花（如圖A-8）。

圖A-8（平面形）

2. 立圈

又叫迎臉圈。就是在自己正前方畫一個圓圈。

【作法】

劍尖向前，由左向右掄一圓軌跡（如拿筆在牆上畫一圓圈）。不論什麼劍把，均叫順挽立花；倒轉方向則稱逆轉立花（或迎臉花）（如圖A-9）。

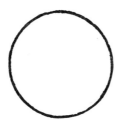

圖A-9（立體形）

3. 旁圈

又叫側圈。就是在自己左（右）側畫一個圓圈。

【作法】

劍尖向前，在左側旁向下、向後，由上復前，再向下、向後、向上復向前（這樣不停的運轉動態，好似孩童跳繩一樣）

。用順把叫順挽旁花，倒轉方向稱逆旁花（或側面花）（如圖
A-10）。

圖A-10（側形）

4.多種形劍圈

就是在自己周身前後，左右、上下環繞，任意畫圈，再配
合上「身隨劍走，劍掩身形」的身法、步法和眼神等協調動作
，則形成多種形狀的劍圈。

【作法】

快速連續交錯的動作，加上多種形狀的劍花，實際上就連
環套在一起了（如風車般的纏繞在身體的周圍，這說明大小劍
圈的角度和形狀是有內在聯繫的）。

劍圈有橢圓形、半月形，扁圓形、波浪式和連環套等；有
的起手帶一個小圈、有的末尾接一個小圈（如圖A-11）。

圖A-11（多種形狀）

　　總之，這些形狀有一個共同點，即都是用劍尖畫出的弧線形軌跡。雖然它們錯綜複雜，但歸納起來，基本形態只有平面形、立體形、側形三種；作法只是順挽花和逆挽花兩種。

　　劍圈是擊劍術的精華。行劍圈的目的，就是超越近路攻取對方，或聲東擊西或格開來械，緊接著就是還手或逼使對方成死角，自己先跑到有利地位。如：人拿花搶刺我，我先用劍掠去其鋒芒，即用上半個劍圈（由左向上、向後），進一步緊接著還擊，即用下半個劍圈（由後向下、向前）。此時，對方已被我逼近，他只剩後半截木把，除能用推術之外，已無能為力了。故劍圈不是浮光掠影而是劍術之精華。

　　行使這種技巧，重要的是鎮定不亂，乘隙而入；還應冷靜沉著審度來勢，有時要故意讓來劍入懷，但這就需要有較高的躲閃避讓的功夫，才能達到隨心所欲的目的。

（四）練劍的基本功

　　第一，要手腕靈活。經常要做甩腰和扳腕的練習，以增強小臂的耐力和與腕關節骨膜的關係，從而提高腕關節的靈活性，以及指端的彈性。手腕有了功夫之後，練劍時手持寶劍就像樹葉生長在樹枝上那麼自然。

　　然而，手與腳還要配合協調一致，即上下要相隨才不致於出劍沒勁。

　　第二，腰腿要有功夫。劍法練得好壞，主要靠腰腿上功夫的深淺而定。同時，必須在基本步法的訓練上下功夫不可。因為步法的靈活性與穩定性，對出劍的遠近和正確的程度有極大的關係。

　　一般步法是指每個式子雙腳所採取的姿勢，此劍所運用的步法約有以下幾種：

1.併步

無論身體直立或下蹲，只要兩腳靠攏並齊即稱併步（圖A-12）。

圖A-12

2.坐步

上體下蹲，體重寄於一腿，另一腿前伸，腳跟著地，腳尖翹起，或腳掌平放在地面上，均稱坐步（圖A-13）

圖A-13

3.弓步

兩腳前後站立，前腿屈膝前拱，後腿膕窩肌腱伸直為度，

體重寄於前腿。過去術語稱此步為「弓箭步」（由於屈腿弧形象弓，直腿像箭，故有此稱）還有稱「鬆襠弓」或「疊襠弓式」（圖A-14）。

圖A-14

4.虛步

虛步即虛式有高架和低架兩種，各式都有左右之分，以支重的命名。例如，右腳在前，左腳在後為實則稱左虛。

虛式又稱「寒雞步」。高架是「丁虛步」，即身體直立，兩腳一橫一豎成丁字，故稱「丁虛」；低架是「跨虛步」，即上體下蹲，體重寄於後腿襠要裹圓，後腳成坡形，前腳以大腳趾虛沾地面。（因狀似斜坐在車的邊緣或跨坐在虎背上，故稱「跨虛」（圖A-15①、圖A-15②）。

圖A-15①

圖A-15②

5.鋪步

鋪步是指直腿距離地面很近的樣子。其做法是後腳腿部彎屈支撐體重80％以上，身體豎直，前腳成橫一字形，前腳全腳掌要平貼地面（圖A-16）。

圖A-16

6.歇步

歇步是指此動作的姿態象徵著休息的樣子。歇步又是背步（倒插步或攪花步），此式動作先上右腳，左腳由右腳後方進半步，腳前掌著地，腳跟虛起；如左腳在前，右腳隨之向左腳前落下，此式稱「蓋步」。做「蓋步式蹲身下坐時，要求身體正直，臀部離腳跟一拳到兩拳，雙腳變式能同時跳起。此式又稱「探步坐盤式」或「蓋步坐盤式」等（圖A-17①、圖A-17②、圖A-17③、圖A-17④）。

圖A-17①

圖A-17②

圖A-17③　　　　　　　　圖A-17④

7.獨立步

凡是一腿支撐體重，另一腿抬起或置身前、身後、身左、身右，無論其姿式如何，只要能夠保持該腳垂懸不落，即稱獨立步（圖A-18①、圖A-18②、圖A-18③、圖A-18④、圖A-18⑤）。

圖A-18①　　　　　圖A-18②　　　　　圖A-18③

圖A-18④　　　　　　　圖A-18⑤

第三節
吳式太極劍十三字訣釋義

（一）擊字訣

　　擊字之意，好似以石投物的狀態，其形勢又如敲鐘擊磬一般。

　　擊有正擊、反擊兩種。反擊用陽把劍，劍由右向左平擊敵之腕指，劍刃朝左右，如擊磬之式，左訣指向右後方撐開，步法為右弓式；正擊腕，頭走直線。反擊腕，耳走橫斜線。兩法的區別即在此。還有扣腕擊是用內把劍，劍尖自下翻上擊敵之腕，左訣指扶右手而行，步法形成歇步。

（二）刺字訣

　　刺字之意是以尖戳的狀態，即以劍鋒直入物體之內。

　　刺有側刺、平刺兩法。側刺用順把劍，刺出劍刃朝上下，左訣指作半圓形向後撐開，步法為上步向前的弓步；平刺、反腕刺、獨立刺，無論如何刺法均以劍鋒直戳為主。步法因之也有所不同。

（三）格字訣

　　格字的意思是阻攔，其勢是格拒來械的進擊。

　　格有下格、反格兩法。下格用順把劍，由斜角自下而上挑格敵之下腕（如釣魚姿勢），身體略偏右方，左訣指作半圓形置於左額前上方，步法為右弓式；反格是避敵來的近身之劍，

用逆把劍格拒來劍，又如掀物向上格擊敵腕，左訣指向後撐開，有時助右手而行，此法較險，非身法靈活，不可輕易讓劍入懷。步法多用虛步，有時在避劍時，須用抬腿獨立步。

（四）洗字訣

洗字的意思是用水沖洗，其勢自上而下或自下而上，似用噴壺澆花狀。

洗劍用逆把劍，持劍上步猛攻敵身，劍由下而上為倒臂之勢，左訣指向後撐開；步法係上步右弓式。

上述擊、刺、格、洗四法在劍術中屬主要用法，也是在對敵時經常使用的招法。

（五）抽字訣

抽字之意是拔取之狀，其勢如抽絲。

抽有上抽、下抽兩法，又分抽腰、抽腿、。抽劍都用陽把劍，即劍尖向前，在敵腕之下或往上抽拉，順勢割其腕部。同時，左訣指作半圓形置左額角前上方；如抽腰、抽腿時，左訣指隨右手而行。步法皆是右弓步。

（六）帶字訣

帶字之意是順手帶過來，其勢為往回拖拉之狀。

帶有直帶、平帶兩法。直帶採用順把劍，即劍尖向前在敵腕之下，自身略向後仰，順勢回帶（兼崩勢）其腕，此法係破敵上來之劍，左訣指扶劍柄而行，步法係右虛步。平帶分三種：①手上的劍尖在敵腕上往左前方推帶，下手的劍尖在敵腕下向左右拖帶，左訣指隨右手而行；步法係獨襠弓式。②劍尖在腕上，劍自左向右往後抹帶如篩米狀，斷敵腕處，左訣指隨右

手而行；步法如上右腳可做歇步，上左腳可做弓步。③劍尖指向敵喉，粘住敵劍向右側後帶回，復趁勢刺敵喉，左訣指扶右手而行；步法往回帶時前腳虛，往前刺時前腳實，後腳不動（即定步陰劍圈）。

（七）提字訣

提字之意是挈之向上，其勢為提籃往上升的樣子。

提有前提、後提兩法。其勢都用逆把劍，但身法有向前、向後之分，即身向前者為前提，身向後者為後提。前提翻腕向上如提物向上之勢，使劍尖向敵外腕下扎。該式須劍把靈活方盡其妙；步法有時為弓步，有時為虛步。

（八）崩字訣

崩字之意似突然爆炸狀，其勢如鵲雀一叫，尾巴一翹的樣子。

崩劍有正反兩法，所謂正崩是用順把劍使劍身不動，以腕力向上挑崩，如鵲雀翹尾之勢直挑敵腕，同時，左訣指扶右手而行；步法係右弓式。所謂反崩是用逆把劍，配合「倒插步」（即探步坐盤式），此法全仗腰腿動作快捷，方能得力，同時，左訣指向後撐開並與步法及反崩劍等動作協調配合一致，方能奏效。

（九）劈字訣

劈字的意思是用斧子砍木頭，其勢以刃口由上而下將物劈開。

劈劍只一法，是用順把劍自上而下直劈敵之頭頂或手臂；左訣指向後撐開；步法係弓步式。

（十）點字訣

點字之意是說，石塊從山上墜落下來，其勢如蜻蜓點水。

點劍只一法，用順把劍，手臂不動，以掌腕之力使劍尖突然直下點擊敵腕，如金雞啄米之勢；左訣指作半圓形置於左額前上方；步法為右虛式或左弓式。

（十一）攪字訣

攪字之意是像攪拌粥鍋，其勢是以劍鋒畫圓圈。

攪劍有橫攪、直攪兩種。橫攪用順把劍作直角式上下翻絞。左訣指與右手迎劍開合如風車環轉；步法在行走中左右虛實不定。直攪用陰把劍，左訣指扶右手，使劍尖圍繞敵手腕螺旋形前進，務使劍尖圈小而劍把圈大。如上手回攪下手之腕，亦作螺旋形後退，且退且攪務使劍尖不離敵腕四周，自己之腕避下之攪而繞行步法，在行走中左右腳虛實不定。

（十二）壓字訣

壓字的意思是覆蓋，其勢如以重量往上覆蓋。

壓劍只一法，用陽把劍作直角式壓住敵劍使之停滯，我得乘勢而襲取之。壓時劍尖稍向下使敵械無可逃脫。左訣指作半圓形撐開，或扶右手而行；步法係右弓式。

（十三）截字訣

截字的意思是割斷，其勢如拉鋸斷木。

截有四法：①平截，用陰把劍，引高劍把使劍尖下垂截敵之內腕。左訣指向後作半圓形；步法係右弓步式。

②左截，用順把劍，先避開敵刺我之劍，身向右偏，劍向

左截，如推挫之勢擊其臂腕。同時，左訣指作半圓形向後撐開；步法係右弓式。

③右截，仍用順把劍，避開敵向我擊來械，閃身向左順挽旁花還擊敵腕。左訣指作半圓形向後撐開；步法係上步，形成右弓式。

④反截，用逆把劍，身向左偏，劍尖自上截下，如戳地之勢以擊敵臂腕。左訣指作半圓形置左耳後上方；步法係前虛後實「獨襠弓式」。

第四節
吳式太極劍動作名稱

預備式

1. 併步持劍
2. 弓步擠靠
3. 右訣點刺
4. 弓步橫截
5. 坐步迎鋒
6. 弓步回鋒
7. 坐步退鋒
8. 訣點頸睛
9. 虛步下格
10. 弓步點腋
11. 鋪步展臂
12. 兩臂圈合
13. 指天畫地
14. 訣戳腋下
15. 左撥右格
16. 鐔點腋下
17. 右撥左格
18. 訣戳腋下
19. 兩臂分展
20. 兩臂圈合

第一劍　分劍七星

21. 分臂橫劍
22. 弓步提劍
23. 背步下截
24. 平衡抽劍

第二劍　進步遮膝

25. 坐步下截
26. 弓步反撩

第三劍　翻身劈劍

27. 背部提劍
28. 翻身分臂

第四劍　上步撩膝

29. 虛部上挑
30. 弓步撩劍

第五劍　臥虎當門

31. 長身截腕
32. 虛步捧劍

第六劍　倒掛金鈴

33. 轉身格掛
34. 併步下截

第七劍　魁星提筆

35. 轉身橫格

第五節
吳式太極劍動作圖解

預　備　勢

1. 併步持劍

面朝正南，兩腳併齊，身體直立，兩臂自然下垂。左手反握寶劍吞口（劍盤式護手），手背靠近左胯左側，使劍刃朝前

圖1

後；右手手心向下捏好劍訣。隨之，兩膝微屈，上體略蹲。同時，左臂鬆肩墜肘，左手仍反持劍向前、向上方抬起，到劍鐔高與鼻尖相平、前後對正為度；右訣指位置不變。兩眼平視前方（圖1、圖2）。

【用法】

如對方右手持劍向我頭頂劈下來，我則急忙移動身形置其

圖2

身之右側，避開敵械。然後，抬起左臂以劍鐔照其右手腕猛戳
。

2.弓步擠靠

接上動，左腳向前邁出一步，腳尖微向裡扣。隨之，屈膝
略蹲，體重寄於左腿；右腿在後舒直，兩腳形成疊襠弓式。與
此同時，右訣指扶左手脈門處。眼神注視前方（圖3）。

圖3

【用法】

　　如對方以劍刺我前胸，我即用劍柄虛格實粘其械，俟其撤劍後退之際，我仍使劍柄粘住其械緊緊跟隨，而用擠靠之勁發之。

3.右訣點刺

　　接上動，向右轉身，面向正西。同時，右腳也向正西移動半步，腳跟著地，腳尖翹起，體重仍在左腿形成左坐步。同時，右訣指臂舒直也朝正西方前指。眼神注視右訣指的前方（圖4）。

圖4

【用法】

　　此招是與對方貼身靠近時用，即以右訣指戳點其頸動脈或腋下神經等部位。

4.弓步橫截

　　接上動，右腳逐漸落平。隨之，屈膝前弓；左腿在後舒直

，兩腳形成右弓式，體重在右腿。同時，左手劍屈臂橫於胸前
，手心朝前，虎口朝下，小指朝天，使劍刃朝上下，劍鐔貼近
右脈門。兩眼平視前方（圖5）。

圖5

【用法】

　　如對方以劍向我迎頭劈來，我側身躲開劈勢，隨即屈臂橫
劍，平截其右腕或臂部，使其械落臂斷。

5.坐步迎鋒

　　接上動，左膝鬆力，往後坐身，體重移於左腿；右腿舒直
，腳跟虛沾地面，腳尖翹起，兩腳形成坐步式。同時，右訣指
也往後撤靠近右肋部；左手仍反握劍使劍鐔不離脈門處。劍鋒
（即劍尖）朝向西南；劍刃朝上下。眼神注視前方（圖6）。

【用法】

　　如對方欲從我身左側來襲擊，我隨即往後退身，體重寄於
後腿；左手仍反握劍柄，劍鐔貼近右脈門，使劍鋒朝著敵胸、
肋部保持形影不離。

圖6

6. 弓步回鋒

接上動，右腳逐漸放平，隨之屈膝前拱；左腳在後，腳部伸直，形成右弓式。同時，右訣指在肋間使手心翻轉向上，然後偕同左手劍（劍的形式不變，劍鐔不離右脈門）向左前上方移動，至右腳落平時，再轉向右前方伸出，高與肩平。右手心向上，體重移於右腿。兩眼注視前方（圖7）。

圖7

【用法】

如對方欲從我身左後方來襲時，我則將劍鐔向右前方移動，使劍鋒正對敵前胸，令其不敢再向前進。

7.坐步退鋒

左膝鬆力，往後坐身，體重移於左腿；右腿舒直，腳跟著地，腳尖翹起，形成左坐步式。同時，右訣指（手心向上）臂微屈，朝右後（東北）方移動，至右額角前上方為度。眼神注視右訣指的指尖（圖8）。

圖8

【用法】

此動作是以兩臂與對方持械的、和無持械的手絞在一處時，即用捋勁朝己身之右後上方粘提。

8.訣點頸睛

接上動，眼神轉移注視西南方，右訣指也朝西南方指出（臂伸直）；左手劍形式不變，劍鐔始終不離右脈門。同時，以右腳腳跟為軸，腳尖向裡扣與左腳形成個八步，隨之屈膝略蹲，體重移於右腿（圖9）。

圖9

【用法】

此式係以右訣指先將對方擊來之械化開，然後再以右訣指戳點其頸動脈或眼睛。

9.虛步下格

右臂微屈使右訣指自然抬起至虎口靠近右耳孔；同時，左腳跟虛懸後轉，使兩腳形成丁虛步，體重仍在右腿，眼神轉向左後下方（東北）；同時，左手劍也向左後下方使劍鐔朝下，劍鋒朝上，靠近左腿外側（圖10）。

圖10

【用法】

如對方持械向我左腿來擊，我則將左臂伸直以劍鍔粘貼敵
械向外橫格。

10.弓步點腋

左腳向左前方邁進半步，隨之，屈膝前拱，與後面右腿伸
直成左弓步，體重移於左腿。兩眼向前（正東）平視。右訣指
直臂向前指出；左手劍直臂自然下垂，使手背靠近左胯。劍刃
朝前後，劍鐔與劍鋒保持上下成一直線（圖11）。

圖11

【用法】

先以左手劍格開敵械，乘隙再以右訣指戳點其腋下神經。

11.鋪步展臂

左手劍向前（正東）抬起與右脈門相觸之後，右訣指立即
向右（正南）、向後（正西）平移，至左右兩臂形成一條橫直
線。此時，左手劍與右訣指的手心均朝身背後，虎口均朝下，
小指反朝天，劍鍔緊貼脊背。同時，上體向右轉成90度（面向

正南）。右腳腳跟虛懸後轉，使腳尖轉向南，隨後屈膝略蹲，體重寄於右腿；左腿伸直，左腳腳尖也轉向南，左右腳形成右鋪步。上體直立，兩眼向前（正南）平遠視（圖12、圖13）。

圖12　　　　　　　　　圖13

【用法】

此動作先以劍鐔分開敵來械，在其身與械隔斷聯繫之際，隨即進步套鑽其腿部，並展臂將敵攜起，可任意擲之。

12.兩臂圈合

接上動。兩臂屈肘，使左手劍與右訣指，同時由左右兩端平行折回集中在胸前。兩手手心均朝前，拇指朝地，小指朝天，並以右訣指扶住劍鐔。同時，左膝鬆力，收左腳與左膝成上下垂直線。這時，兩腳形成右胯虛步，體重仍在右腿。左手劍仍反握，使劍鍔緊貼背、臂，劍刃朝上下，劍鋒朝左（正東）。兩眼順劍鋒上方遠視（圖14）。

【用法】

此動作用於發現敵有空隙可乘之際，使鐔、訣循隙並進攻其胸、肋等部位。

圖14

13.指天畫地

鬆右肩，墜右肘，使右訣指靠右耳。同時，左手劍使劍鐔
朝天、向左前上方橫撥，隨即轉移向下，也往左前下方橫撥。
這時左臂下垂靠近左膝外側。劍鐔朝地，劍鋒朝天。步子不動
，仍成胯虛步。眼神始終追隨劍鐔運轉（圖15、圖16）。

【用法】

如對方以械向我頭部直擊，我則用劍柄和劍鍔等部位與敵

圖15　　　　　　　　圖16

械相粘貼後再往外上方橫撥。如對方以械朝我腿部擊來，我則用劍鐔或劍鍔先與其械粘住後，再向左前下方橫撥，其中寓有待發之勢。

14. 訣戳腋下

左腳向左前方邁進一步，隨之屈膝前拱，右腳在後，膕窩肌腱舒直，體重移於左腿，兩腳成左弓步。同時，右訣指直臂向前伸出。左手劍直臂下垂，使手背靠近左胯，劍鐔朝地，劍鋒朝天，上下保持形成一直線。兩眼向前平遠視（圖17）。

圖17

【用法】

如對方以械朝我下腹部或腿部擊來，我則先以劍鍔封格其械，隨之，進左步並以右訣指朝對方前胸心窩處或腋下神經處發勁戳點。

15. 左撥右格

左手劍屈臂上提，使劍鐔朝天，虎口靠近左肩前。同時，右訣指直臂向右前下方，掌心朝下，步子不動仍為左弓式。眼

神注視右訣指（圖18）。

圖18

【用法】

此動作是破對方以上下同時向我進擊之法。如對方持械擊我面部，並以左腿踢我下腹時，我則用劍柄格開其械，並以右臂朝外側橫撥其腿。此為上下封格、左右分爭之法。

16.鐔點腋下

右腳由身後向身前右方邁進一步，須走弧形（即先收右腳與左腳靠攏之後，再向右前方邁出）。隨之，屈膝前拱，左腿在後伸直，體重移於右腿。這時兩腳已形成右弓步。同時，左手劍直臂使劍鐔朝前直戳（點）之；右訣指的手心朝下沉探，靠近右膝旁。兩眼注視劍鐔前方（圖19）。

【用法】

如對方以左腳踢我腹部，我即用右臂粘其腿中部朝外側橫撥，或進右步朝其襠內邁進，與落步的同時，左手劍以劍鐔向對方前胸或腋下點擊。

圖19

17.右撥左格

右訣指屈臂上提，使虎口靠近右耳。同時，左手劍以劍鐔引導向左前下方，用劍鍔中部先粘貼其械再往左橫撥。步法仍是右弓式，體重在右腿。眼神隨劍鐔移動（圖20）。

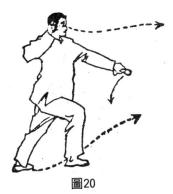

圖20

【用法】

如敵攻我上，以訣撥其臂；敵攻我下部，則用劍格其械。總之，以化開敵進攻為主，還擊為次。

18.訣戳腋下

左腳由後方，向左前邁一大步，須走弧形。隨之，屈膝前拱，體重寄於左腿。左右兩腳形成左弓式。同時，右訣指從右耳旁向前直臂伸出；左手劍向後移至左胯旁，左臂垂直，使手背靠近左胯，劍刃朝前後，劍鐔朝地，劍鋒朝天。眼神注視右訣指前方（圖21）。

圖21

【用法】

如對方持劍擊我腹部，我即用劍鍔格開其械，然後邁進左步；以右訣指朝對方腋下發勁戳點。

19.兩臂分展

左手劍直臂前伸，與右訣指相遇之後，立即往左右分開。眼神注視右訣指。當訣指朝正南時，右腳跟虛懸後轉使腳尖朝正南，上體也轉向南。至右訣指展臂伸向正西時，左腳跟向外開使腳尖也朝南，體重移於右腿，兩腳形成右鋪步，這時，左手劍反握使手心朝後，虎口朝地，小指朝天。劍鍔緊貼背脊，

劍鐔朝東；右訣指朝西，兩臂形成一條平行直線為度（圖22、圖23）。

圖22　　　　　　　　圖23

【用法】

先以劍鐔分開敵來械，乘其身械脫結之際，立即進身展臂，將其活攜離地即可，不可任意擲之。

20.兩臂圈合

兩臂同時屈肘，使左手劍與右訣指，從左右兩端相向折回到前胸時，以右訣指扶住劍鐔。這時，兩手心均朝前（正南），拇指朝地，小指朝天；左手劍仍反握劍柄，使劍鍔緊貼小臂內側，劍刃朝上下，劍鋒朝左（正東）。同時，左膝鬆力，收左腳與左膝成上下垂直線，兩腳形成為右胯虛步，體重仍在右腿。兩眼順劍鋒的上方往遠平視（圖24）。

【用法】

此法是在對方有隙可乘之際，以劍鐔和訣指偕同並進攻其胸、肋等部位。

圖24

第一劍　分劍七星

21.分臂横劍

右手接劍握好，左手劍交出揑好訣，兩手心均朝下，隨後朝相反方向（即左右）分開形成一條平行直線爲度。步法、身體重心不變。眼神注視劍鋒（圖25、圖26、圖27）。

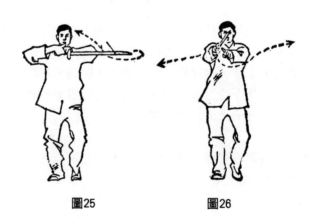

圖25　　　　　　　圖26

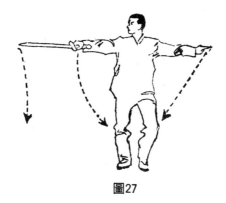

圖27

【用法】

此劍爲分臂旋掃式，正入側掃（即正身進劍，側身掃劍）。如對方用長兵刺我前胸，我先避開其銳鋒，隨即舉劍分臂轉身橫掃其手腕及腰部。

22. 弓步提劍

兩臂放鬆，自然下垂。隨之，右手劍以陰把劍由下向前上方提攔敵腕，使劍身橫平（劍鋒朝右，劍刃朝上下）；左訣指

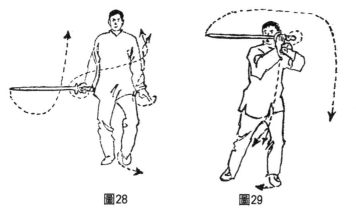

圖28　　　　圖29

扶在右脈門處。同時，左腳向左前方邁進一步。隨後屈膝前拱，重心移於左腿，兩腳形成左弓式。眼神注視劍身中部刃的上方（圖28、圖29）。

【用法】

如對方右手持械向我頭部打來，我急向左前方邁進一步，避開其械之進攻。同時，用劍上提橫攔敵之右腕。

23.背步下截

右手劍坐腕，先使劍鋒朝天，然後再向左下方落，至手心與左膝臍骨相觸為度；左訣指仍扶在右脈門處。同時，左腳尖向裡微扣；右腳從身後移於左腳左側，並以膝蓋尖抵住左腿彎，腳跟揚起，腳尖虛沾地面，體重仍在左腿，兩眼注視劍鋒（圖30）。

【用法】

當對方向我進攻招法落空、欲將其械收回換招變式之際，我即以劍追隨敵腕，並向左、向下橫劍截攔，使敵械不好再行進攻。

圖30

24.平衡抽劍

右手劍屈臂上舉過頭頂，橫於前上方（以陽把劍，即手心朝外，虎口朝後）：左訣指離開右脈門向左前方伸出。同時，右腿屈膝使腳心朝天以腳尖向訣指方向送出，保持垂懸不落，以左腳支撐體重。兩眼注視劍身中部（圖31）。

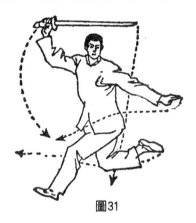

圖31

【用法】

如對方以械向我頭部擊來，我則以劍橫平迎接其腕，並以左訣指戳點其腋下神經。同時，翻起右腳（腳心朝天）。以腳尖從身後往身前左上方倒踢敵右肋間。

第二劍　進步遮膝

25.坐步下截

右手劍和左訣指同時下落，落至左膝上方靠近左肋，右手心向裡；右訣指扶於右脈門處。同時，右腳往右前方（西北）

落下，腳跟虛沾地面，腳尖翹起，體重仍在左腿，兩腳形成左坐步式。兩眼注視右前方（圖32）。

【用法】

如對方從左側以械擊我腰、腿時，我即以劍橫平下截敵手腕。

26.弓步反撩

右腳逐漸落平，隨後屈膝前拱；左腿在後，膕窩肌腱舒直，兩腳成右弓式。體重移於右腿。同時，右手劍仍握陽把由左後往右前（西北）方撩出（即手心朝前下方，虎口朝後下方）。左訣指仍扶右脈門處。眼神注視劍鋒（圖33）。

【用法】

當對方進攻落空、抽劍欲逃之際，我隨即以劍反撩其膝。

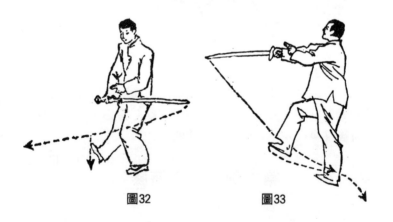

圖32　　　　　圖33

第三劍　翻身劈劍

27.背步提劍

左膝鬆力，往後坐身，右腳從身前移至身後偏左，以右膝蓋抵住左腿彎，腳尖虛沾地面，體重移於左腿，兩腳形成歇步式（又稱背步）。同時，右手劍屈臂向上提起，左訣指仍扶右脈門處。兩眼注視劍鋒（圖34）。

圖34

【用法】

當對方以械擊我腿部，我即背步，反提寶劍往外帶格，俟機還擊。

28.翻身分臂

左訣指從右手外側向上伸展到極度，再繼續向左後方（西北）伸張。同時，右手劍向右前方（東南）劈出，兩臂同時由上向下分落至與肩相平為度。同時，兩腳均以腳前掌作軸，上

體由前向右後方（東南）成180度。隨後右腿屈膝前拱，左腿伸直，兩腳形成右弓式，體重移於右腿。眼神注視劍鋒前方（圖35）。

圖35

【用法】

　　如對方以械從我身後擊來，我速背右步（即將右腳移至左腿後偏左側），隨即向右後方翻身避開敵械，同時，兩臂朝前，左臂向後分開下落，以劍劈敵之肩、臂等部。

第四劍　上步撩膝

29.虛步上挑

　　左訣指由上向下落至左腿彎處，虎口轉向下含有向後撥之意，隨之虎口再轉向上。這時，上體轉向左後（臉朝西北）。同時，右腳尖向裡扣，左腳跟虛懸後轉，腳尖虛沾地面，體重仍在右腿，兩腳形成虛步式。右手劍借勢屈臂向上挑起。眼神注視前方（西北）（圖36）。

圖36

【用法】

　　如對方從身後以械向我腿部擊來，我即以左臂隨回身隨格開；如敵械向我頭部擊來，我則以劍割挑敵手腕。

30.弓步撩劍

　　右手劍直臂下落至右胯旁。左腳跟微向前移落實，體重先移於左腿，最後再寄於右腿。隨之，右腳朝前方（西北）邁進一步，與左腿形成右弓步式。右手劍隨同右腳的前進而向前方（西北）撩出。左訣指也隨扶於右脈門處。眼神注視劍鋒（圖37）。

【用法】

　　如對方以械朝我腹部打來，我先走步避開其銳鋒，然後進步並以右手劍向前撩擊其膝、胯等部。

圖37

第五劍　臥虎當門

31.長身截腕

左腳跟向前微移，右腳掌原地蹬勁，使身體略向前、向上升高。同時，右手劍從下繼續向前、向上撩出，高與頭平。左訣指仍扶右脈門處。體重與步形均不變。眼神始終注視劍鋒（圖38）。

圖38

【用法】

如對方抽械欲變招換式之際，我即長身緊緊跟隨並以劍截敵手腕。

32.虛步捧劍

左膝鬆勁，往後撤身，屈膝略蹲，體重移於左腿；右腳微向後，腳尖虛沾地面，兩腳形成胯虛步式。同時，右手劍屈臂後撤沉肘，靠近右肋；左訣指也同時屈臂以手指尖扶劍墩處。眼神注視敵面門，使劍鋒與眼神保持一致為要（圖39）。

圖39

【用法】

此式係使己之劍鋒始終與對方面門遙遙相對、形影不離，並有俟相待發之勢。

第六劍　倒掛金鈴

33.轉身格掛

　　上體微向左轉。右手劍沉肘坐腕豎劍向左後方（東北）橫格外掛；左訣指仍扶左脈門處。體重仍在左腿，只將右腿舒直，腳跟著地，腳尖翹起，兩腳形成坐步式。眼神注視劍鋒（圖40）。

圖40

【用法】

　　如對方以械朝我左肩擊來，我即以劍橫格敵腕。

34.併步下截

　　右手劍將劍鋒由上向左、向下降落，落至手心靠近左膝為度；左訣指仍扶右脈門處（這時，劍鐔與劍鋒已成水平面，保持劍的位置不變）。與此同時，右腳放平，屈膝略蹲，左腳前移和右腳靠攏，腳掌虛沾地面，眼神注視劍鋒前方（圖41）。

圖41

【用法】

如對方以械擊我腿部，我即以劍向下橫截其腕。

第七劍　魁星提筆

35.轉身橫格

上體向右轉（面朝西北）。同時，右手劍以劍鋒朝下向右移動到右膝前方。兩膝仍保持屈膝狀態，惟體重由右腿移至左腿。左訣指始終不離右脈門。眼神注視劍鋒前方（圖42）。

【用法】

對方以械朝我膝部打來，我則以劍鋒朝下向身前外側橫格其械式腕臂等部。

36.獨立提撩

左腳蹬地直立，支撐體重；右腳提起垂懸不落，成獨立步。同時，右手劍向前上方提起，至劍鋒與鼻尖相平為度。左訣指靠近右膝前指。眼神注視劍鋒前方（圖43）。

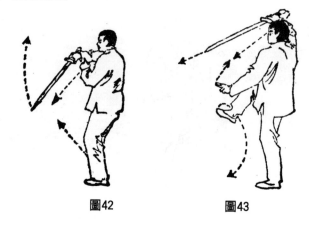

圖42   圖43

【用法】

如對方以械向我前胸擊來，我則以劍迎擊其腕臂。

第八劍　指襠劍

37.併步垂釣

右手劍使劍鋒指向左膝的前下方，右脈門貼近左訣指。同時，垂懸的右腳隨著下落，虛靠近左腳旁。眼神注視劍鋒前方。體重仍在左腿（圖44）。

【用法】

對方以械擊我中、下部時，我即以劍鋒朝下豎直於身前護胸、腹及腿部。

38.麒麟探險

上體直立，屈膝略蹲，右腳盡量向前伸出，保持兩膝內側相貼不離開為度，腳掌放平，腳尖微向裡扣，兩腳形成麒麟步

。體重在左腿。同時，右手劍直臂以劍鋒向前下方點刺。眼神注視劍鋒前。左訣指仍扶右脈門處（圖45）。

　　【用法】

　　我先以劍化開對方來攻，隨即反攻則用劍鋒擊敵下腹。

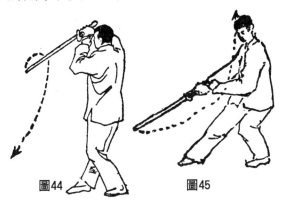

圖44　　　　　圖45

第九劍　劈山奪寶

39.虛步左鈎

　　左腿直立收回右腳，腳尖虛沾地面，靠近左腳，兩腳成丁虛步，體重在左腿。同時，右手劍屈臂沉肘，使劍鋒從前下方往身之左側，再由後下方反向上方（此為逆式側立花，也叫鈎提劍）。眼神隨劍鋒運轉。左訣指始終不離右脈門處（圖46）。

　　【用法】

　　對方以械擊我左腿時，我即以劍鋒引導，在身左側畫一立花，將敵械激開之後，含有俟機欲攻之勢。

圖46

40.蓋步反掛

　　右腳腳尖向右外擺，之後，平落屈膝，體重移至右腿；左腿屈膝以左膝蓋抵住右腿彎，前腳掌沾地，腳跟翹起。同時，右手劍以劍鋒由左上方朝右前上，再往右後下方折回反掛，落到右膝外側為度。劍鐔朝天，劍鋒朝地，右手心朝後上方，虎口朝右前，左臂彎屈使肩、肘、腕形成三角形；左訣指扶於劍墩處。眼神注視劍身前方（圖47）。

圖47

【用法】

對方以械擊我右腿時，我即以劍鋒引導在身右側畫一立花，將其械激開，俟機進攻。

41.力劈華山

上體微向右轉，同時，左腳向西北虛上一步，隨後屈膝前拱；右腿在後伸直，兩腳形成左弓式。體重移於左腿。兩手陰陽合把握好劍柄，順眼神（眼神從左肩上方注視西北）所朝的方向直臂劈出，至劍高與頭相平為度（圖48、圖49）。

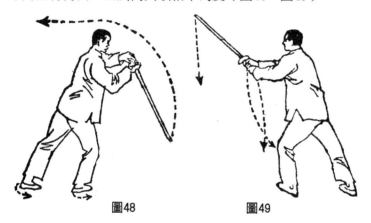

圖48　　　　圖49

【用法】

先化開敵械，再行進步以劍劈敵頭頂。

42.進身後奪

接上動微停之際，雙手握劍從前上方朝左後下方屈臂沉帶至左胯旁。劍鋒朝前，眼神注視劍鋒前方（西北）。身體重心與步法均不變，只是上體微向前傾（圖50）。

圖50　　　　　　圖51

【用法】

　　如對方以械擊我胸部，我即以劍鍔和敵械相黏住後，再順其來勢而借勁奪掉敵械，或割敵手腕。

第十劍　逆鱗劍

43.右腳前進

　　劍與身法形勢均不變（保持上一動招式），只將右腳向前邁進一步，腳跟虛沾地面，腳尖翹起，體重仍在左腿，兩腳形成坐步式。眼神注視前方（西北）（圖51）。

【用法】

　　如對方以械向我胸部擊來，我即以劍橫格並黏住其械不脫。同時，偷進右步準備還擊。

44.弓步直刺

　　右腳逐漸落平，隨之屈膝前拱；左腿舒直，兩腳形成右弓

步。體重移於右腿。同時，雙手握劍輕輕向前直臂送出，高與肩平為度。眼神仍視前方（圖52）。

圖52

【用法】

如對方以械向我胸部擊來，我即用劍封住其械，待對方擊之落空欲撤回其械之際，我即借此機輕輕將劍送出，直刺敵胸、肋等部。

第十一劍　回身點

45.回身隱劍

左訣指屈臂回摸右肩、左肩之後，直臂朝東南方向指出。在訣指摸左肩同時，右手劍自然向下墜落，而隱於身後，右腳尖自然裡扣；左訣指朝前指出時，往後坐身收回左腳，腳虛沾地面，兩腳形成丁虛步。體重寄於右腿。眼神注視前方（東南）（圖53）。

【用法】

此動作係應付對方虛晃一招時，我用劍虛迎，再藏劍準備

追擊。

46. 進步點腕

　　右手劍由身後往身前直臂前伸，至脈門與左指相觸之後，再行分向斜方向（即劍鋒朝東南，訣指朝東北），兩臂伸直後同時坐腕，使劍鋒略向上翹起為度。同時，左腳向左前方邁進一步。隨之，屈膝前拱，兩腳成左弓步。體重在左腿，眼神注視劍鋒（圖54）。

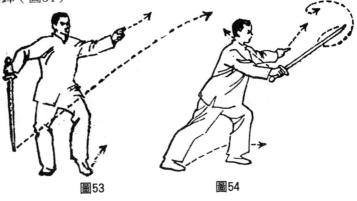

圖53　　　　　圖54

【用法】

　　如對方以械朝我前胸打來，我先側身避開，同時進步並以劍崩點其腕。

第十二劍　沛公斬蛇

47. 背步掤劍

　　右腳向左腳的左後方橫跨一步，以右膝蓋抵住左腿彎為度。右手劍與左訣指同時屈臂朝頭頂前上方橫舉，至訣指扶於右

脈門，劍鋒朝左前上方。體重在左腿，眼神注視劍身中部（圖55）。

圖55

【用法】

　　如對方以械朝我頭部打來，我即進身用劍迎截其臂、腕等部。

48.上步攔腰

　　接上動不停，右腳朝後撤半步，上體隨著向後仰身，眼神始終不離劍鋒。同時，右手劍與左訣指在頭頂上方作出分合的動作（即身往後仰時，劍鋒和訣指均先朝後再向左右分開繼續向前合併於胸前。兩手心均朝上，訣指仍扶右脈門）。在合劍時，右腳向前邁進一步，兩膝內側貼緊。體重在左腿，兩腳成丁虛步（圖56、圖57）。

【用法】

　　如對方以械朝我頭部打來，我先以械迎接其械與之相黏後，隨即順其來勁往後一帶，趁對方身子前傾之際，再揮劍轉向前方橫斬敵腰。

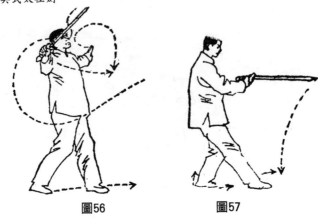

圖56   圖57

第十三劍　翻身提斗

49.蓋步反掛

右腳微向前提，腳尖外擺下落。隨之，屈膝略蹲，體重移於右腿，左膝向前抵住右腿彎，左腳跟揚起，腳尖虛沾地面，與此同時，右手劍肘部回掩對前胸，腕部鬆力手心外翻，虎口朝右下方使劍鐔朝天，劍鋒朝地，靠近右膝旁。左訣指扶於劍墩。眼神注視劍鋒（圖58）。

【用法】

對方以械擊我頭部，我即將右腳輕提起，隨即落下腳尖外擺，頭頸直立，以劍鍔格開敵械。

50.童子抱香

上體及握劍的姿式保持不變，向右轉體90度。右臂內旋使劍鋒由下向右上翻起朝天，劍鍔中部對正鼻尖；左訣指手心向

圖58

外，虎口朝下扶住右脈門。兩臂平屈環抱於胸前。同時，右腿蹬直支撐體重；左腿屈膝提起，左腳垂懸不落。兩眼平視前方（圖59、圖60）。

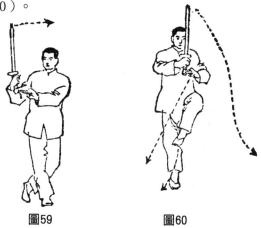

圖59　　　　　　圖60

【用法】

　　對方以械先擊我右腿時，我即向右轉身以劍朝外格攔，若又向我頭部擊來，我即舉劍橫格其臂、腕等部。

51.蹲身下截

右手劍使劍鋒朝左（正東）由上向下落至與胯平為度，使劍吞口靠近左膝左側。同時，左腳隨上體右轉（面向正西），屈膝下蹲，左腳落到右腳尖的前方落實；右腳變為虛步，體重移於左腿。眼神注視劍鋒（圖61）。

【用法】

如對方以械擊我身左側腰間，我即以劍由其內門（即前胸）向左、向下走弧形截其臂、腕等部。

52.獨立上掤

左腳蹬地身體立起，支撐體重；右腳提起垂懸不落，形成金雞獨立步。同時，右手劍從身左側向前上方（正西）提起，舉過頭頂，使劍鋒指向前方（正西）、劍鐔朝後（正東）；左訣指下指右腳跟。眼神平視前方（圖62）。

【用法】

如對方以械擊我前胸，我即轉身向右並用劍截其腕臂；借對方抽械欲逃之際，我以劍上提，挑擊其二目。

圖61

圖62

第十四劍　猿猴舒背（臂）

53.虛步橫格

左膝微屈，右腳尖落在左腳尖的右前方虛沾地面，形成丁虛步，體重寄於左腿。同時，右手劍隨同右腳的下落而垂直下落，豎劍橫格，左訣指扶於右脈門處。眼神注視劍身中部（圖63）。

圖63

【用法】

如對方以械朝我下部擊來，我則豎劍以劍鍔向左橫格。

54.跨虛展臂

左訣指屈臂回指左肩井穴；右手劍朝右前方探臂點刺。同時，上體略蹲，右腳前移半步，腳跟虛起，腳尖點地，體重仍在左腿。腿神注視劍鋒前方（圖64）。

圖64

【用法】

如對方以劍從我身後側刺我腿部，我先以劍鍔格住來勢，隨之進右步腳尖點地，並以劍鋒點刺對方足三里或解谿穴。

第十五劍 樵夫問柴

55.蓋步格帶

右手劍由下向左前上方提起微向後帶；同時，左訣指由左肩移至右脈門處。右腳以前腳掌為軸，右腳跟往左前轉動成橫腳落平。隨之，屈膝略蹲；左腿舒直，腳跟揚起，體重移於右腿，兩腳形成蓋步，眼神注視劍身前部（圖65）。

【用法】

如對方以械向我頭部擊來，我急進步轉身並以劍鍔向前上格開其械，略提稍往後一帶，以劍刃擊其腕部。

圖65

56. 拗步探刺

左腳向左前方進一大步，隨之屈膝前拱；右腿在後伸直，兩腳形成左弓步，體重移於左腿。同時，右手劍以劍鋒先向右、向左、再向前直臂刺出，手心朝外，虎口朝地。眼神注視劍鋒前方（圖66）。

圖66

【用法】

如對方擊我頭部而落空時，俟其撤械後退之際，我即以劍

鋒追擊其腕，復進步探刺敵頭部太陽穴或腋下神經。

第十六劍　單鞭索喉

57.屈臂抽劍

步法不變，只將右手劍屈臂朝後微向上抽提，至手背靠近右額角前上方為度。眼神注視劍鋒前方（圖67）。

圖67

【用法】

如對方以劍鋒直刺我頭部，我隨以劍刃抽擊敵臂、腕等部。

58.提膝磨劍

右手劍先直臂往回帶劍，保持身體平穩不動。然後，右腳尖向裡扣。眼神注視劍鋒。同時，身體右轉（原劍在身左側），轉至劍在身右側時，右膝鬆力，提起右腳垂懸不落。左訣指扶右脈門處。體重在左腿（圖68、圖69）。

【用法】

對方以械擊我身兩側，我即以提膝長身磨劍之法迎擊敵臂

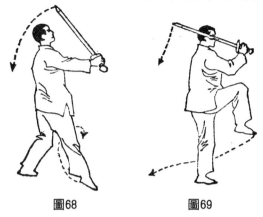

圖68　　　　　　　　圖69

腕部。

59.換步撑腰

左訣與右劍姿勢保持不變，只將右腳朝左後方落步（西北）。隨之，向右轉身，至面向西南方為度。這時，體重移於右腿，兩腳形成胯虛步。眼神仍注視劍鋒前方（圖70、圖71）。

圖70　　　　　　　　圖71

【用法】

　　對方以械從身後擊我腰部，我即背步轉身避開敵械，並以劍鋒俟機刺對方咽喉。

60.展臂索喉

　　右手劍與左訣指同時朝西南和東北方向分開形成一條平直線。同時，右腿屈膝前拱，左腿在後伸直，兩腳成右弓式，體重仍在右腿。眼神注視劍鋒（圖72）。

圖72

【用法】

　　轉過身後，左訣指直臂向後伸出。同時，右手劍臂微屈沉肘，使劍鋒朝向對方咽喉直取。

第十七劍　退步撩陰三劍

61.回身舉劍

　　左訣指屈臂回指右肩和左肩。上體微向左轉，回轉身眼神

注視東北方的同時，右腳尖向裡微扣，隨後屈膝略蹲；左腿屈膝上提，腳尖沾地面，體重仍在右腿。右手劍微上舉；左訣指隨即離開右肩直臂指向前方（東北）（圖73）。

圖73

【用法】

　如對方以械擊我腰部，我即轉身避開，並舉劍防守或待機進攻。

62.弓步虛劈

　左腳向左前方邁進半步，落實屈膝前拱，右腿在後舒直，兩腳形成左弓式。同時，左訣指由前向下、向左反向上至左額角上方。右手劍朝東北方向直劈，高與頭頂相平為度。體重移於左腿。眼神注視前方（圖74）。

【用法】

　對方以械擊我前胸或腿部，我即以左訣指黏住敵臂或阻截其進攻，並乘隙以劍擊敵頭、肩等部。

63.蓋步反撩

右腳向前邁一步（東北）落到左腳的前邊；使右腿膕窩與左膝蓋靠近，體重移於右腿。左腿舒直，腳跟揚起，腳尖著地，兩腳形成蓋步。同時，右手劍反手由前向後直臂撩出高與肩平。左訣指置於鐔後。眼神注視劍鋒（圖75）。

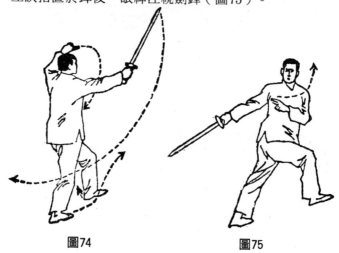

圖74　　　　　　　　　　圖75

【用法】

如對方以械從背後擊我右肋，我即提起右腳在左腿前落步（蓋步），在避開對方進攻的同時，以劍朝後反撩敵右腕。

64.虛步舉劍

左臂鬆肩，墜肘使左訣指指肚貼近鼻尖，然後掌心轉向外，直臂前伸指向東北方；右手劍同時屈臂上舉，高過頭頂為度。同時，左腳微向前移，腳尖虛沾地面，體重在右腿。眼神注視前方（圖76、圖77）。

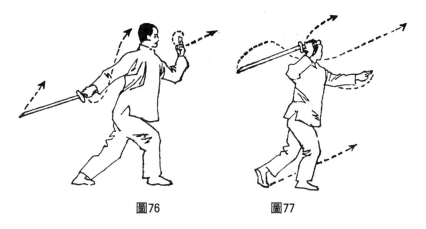

圖76　　　　　　　　圖77

【用法】

如對方以械擊我頭部，我即以劍橫格其臂腕。

65.弓步虛劈

左腳向左前方邁進一步，落實後屈膝前拱；右腿在後舒直，兩腳形成左弓式。同時，左訣指由前向下、向左反向上至左額角上方；右手劍朝東北方向直臂劈出，高與頭頂相平為度。體重移於左腿。眼神注視前方（圖78）。

【用法】

如對方以械擊我前胸或腿部時，我即以左訣指粘住敵臂，阻截其進攻而乘隙以劍擊其頭、肩等部。

66.蓋步反撩

右腳向前邁一步（東北）落到左腳前，使右腿膕窩與左膝蓋靠近，體重移於右腿，左腿舒直，腳跟揚起，腳尖著地，兩腳形成蓋步。同時，右手劍反手由前向後直臂撩出高與肩平。左訣指扶於鐔後。眼神注視劍鋒（圖79）。

圖78

圖79

【用法】

　　如對方從我背後擊我右肋，我即提起右腳在左腳前方落步
，在避開對方進攻的同時，以劍朝後反撩敵右腕。

67.虛步舉劍

　　左臂鬆肩、墜肘，使左訣指指肚貼近鼻尖，然後掌心向外直臂前伸向東北方；右手劍同時屈臂上舉超過頭頂為度。同時，左腳微向前移，腳尖虛沾地面，體重仍在右腿。眼神注視前方（圖80、圖81）。

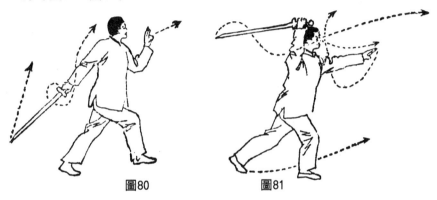

圖80　　　　　　　　　　圖81

【用法】

　　如對方以械擊我頭部，我即以劍橫格其臂、腕部。

68.弓步虛劈

　　左腳向左前方邁進一步落實，屈膝前拱；右腿在後伸直，兩腳形成左弓式。同時，左訣指由前向下、向左、反向上至左額角上方；右手劍直臂劈出高與頭平，體重移於左腿，眼神注視前方（圖82）。

【用法】

　　如對方以械擊我前胸或腿部，我即以左訣指黏住敵臂阻截其進攻而乘隙以劍擊其頭、肩等部。

圖82

69.提膝頂劍

左訣指向下落於右脈門處。同時,提起右膝抵住劍鐔,右腳垂懸不落。眼神注視劍鋒(圖83)。

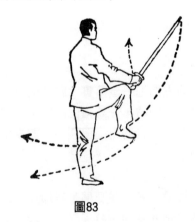

圖83

【用法】

如對方避開我劈劍欲後退反攻，我即提膝頂住劍鐔，以劍鋒戳擊敵胸、喉等部。

70.弓步反撩

右腳朝右後方（西南）落下，腳跟回收，隨之屈膝前拱；左腿在後舒直，體重移於右腿，兩腳形成右弓式。右手劍緊跟右腳落下的同時，反手撩出。左訣指仍扶右脈門處。眼神注視劍鋒（圖84）。

圖84

【用法】

如對方在身後擊我右腿，我即將右腿提起，隨即再落回到原地成右弓式。並以劍反撩其腰、臂、腕等部。

第十八劍　臥虎當門

71.弓步托劍

右手劍臂外旋轉，使手心向上，虎口朝前下方，直臂向上

舉至劍鋒與頭頂相平為度。左訣指仍扶右脈門處。同時，左腳跟微向前移，成右弓式，重心在右腿，眼神注視劍鋒（圖85）。

圖85

【用法】

如對方以械朝我面部擊來，我即側身避開，隨以劍鋒撩擊其腕、肩等部。

72.虛步抱劍

左膝鬆力，往後坐身；右腳收回，屈膝上提，腳尖虛沾地面，體重移於左腿，兩腳形成胯虛式。同時，兩臂微屈將劍撤回，懷抱在胸前，左訣指扶住劍墩。眼神注視對方面門（圖86）。

【用法】

此式以劍鋒對準對方面部，保持始終不離，迫使對方不能侵犯我身。

圖86

第十九劍　梢公搖櫓

73.轉身回掛

　　右腳跟微向前移，隨之屈膝，體重移於右腿，左腿在後伸直，腳跟虛起，腳尖點地，兩腳形成蓋步。同時，右手劍以劍鋒引導由身前向右後下方移動，以貼近左腳跟為度。左訣指仍扶右脈門處，眼神注視劍鋒（圖87）。

【用法】

　　如對方以械擊我右腿時，我即以劍鍔緊貼其械往外側回掛，或以劍刃割其腕部。

74.長身提劍

　　右手劍由右後下方朝左前上方移動，仍以劍鋒引導走弧線，至劍鋒指向西北，劍高與肩平，劍鋒指向西南時，劍高與頭頂平。同時，兩腿均伸直。左訣指始終不離右脈門處。體重仍在右腿。眼神注視劍鋒（圖88）。

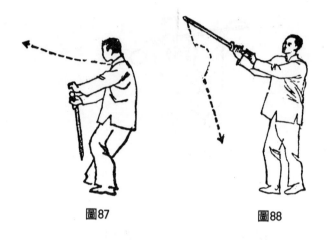

圖87　　　　　　　　圖88

【用法】

　　如對方進攻落空欲撤械變招，我即以劍鋒緊緊跟隨，擊其腕、臂、前胸、咽喉等部。

第二十劍　順水推舟

75.歇步沉劍

　　右手沉肘鬆肩，使劍鍔朝下由前往下落，以劍鐔接近左膝，劍身與膝蓋成一平行線為度。同時，左腳向前邁進一步，腳尖外擺，屈膝落實，右膝蓋與左腿膕窩相貼，右腳尖點地，腳跟提起，兩腳形成歇步，體重在左腿，眼神注視劍鋒前方（圖89）。

【用法】

　　如對方以械擊我胸部，我即以劍鍔粘住敵械往下沉採，使之下沉並持劍俟機待發。

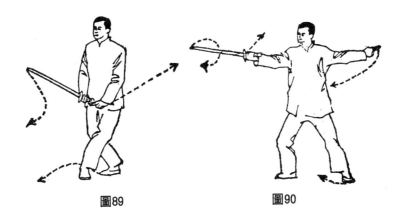

圖89　　　　　　　　圖90

76.進步刺肋

　　右腳向前邁進一步，隨之屈膝前拱，左腿在後伸直，體重移於右腿，兩腳形成右弓式。同時，右手劍手心朝上向前（西南），左訣指手心朝下向後（東北）平行分開，始終保持前後成一平直線為度。眼神注視劍鋒前方（圖90）。

　　【用法】

　　此式係以我劍壓在敵械之上，隨其退勢的動向而送勁刺其胸、肋等部。

第二十一劍　　眉中點刺

77.鬆襠截腕

　　左腳腳尖裡扣，右膝微屈，右手劍握成陰把（手心向內，虎口朝右前下方），使劍鋒朝右前方；左訣指靠近左肋，左肘朝後下方沉墜。體重在右腿；眼神注視劍鋒（圖91）。

圖91

【用法】

如對方以械擊我前胸，我則以劍鋒迎截其腕。

78.坐步抹腕

右手劍以劍鋒由右向左畫一圓圈，虎口轉180度（即原朝西轉成朝東）。右臂微屈，右手腕向前上提起。同時，往後坐身，重心移於左腿，右腳尖揚起。左訣指使指尖貼近左肋，手心向上，眼神注視前方（圖92）。

圖92

【用法】

如對方以械向我胸部打來，我即以劍先從下面截斬敵腕落空後，再由下繞圈反上往回提抹敵腕。

79. 弓步追擊

左腳落平，隨之屈膝前拱，體重移於右腿；左腿在後伸直，兩腳形成右弓式。同時，右手劍與左訣指同時屈臂沉肘，使兩小臂內側靠近兩肋。眼神注視前方（西南）（圖93）。

【用法】

如對方以械擊我肋部，我即以劍鍔的中部黏住敵械往下沉採，並待機進攻。

圖93

80. 進步點玄

右手劍直臂向前上方直伸後，腕部向上猛提；左訣指也朝左前上方伸展。同時，左腳向前邁進一步，落實後屈膝前拱與右腳形成左弓式，體重在左腿。眼神注視前方（西南）（圖94）。

圖94

【用法】

　　見對方進擊落空有後退之意時，我即瞄準敵雙眉間的劍鋒猛擊。

第二十二劍　退步反剪腕

81.縮步游身

　　右腳微向前移不停，隨即往身後撤一大步，仍虛著地面。同時，雙手握成合把劍，兩臂舒直使劍鋒向前探出點刺。重心仍在左腿。眼神注視前方（西南）（圖95）。

【用法】

　　如對方以械擊我前胸，我即將後腳向前收回，復又往後伸出，借其伸縮之勁（即縮步游身），使身體前進或後退一大塊（既能防人進攻，又便於襲擊對方），並以劍迎截敵手腕或點刺其胸。

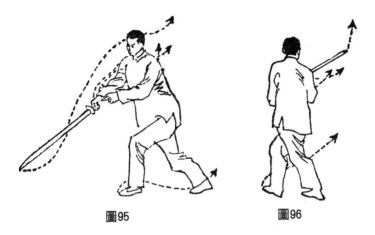

圖95　　　　　　　　圖96

82.背步錯抹

右腳落實，左腳隨後從身後倒插一步，使左膝抵住右腿膕窩，左腳跟虛起，前腳掌著地，兩腳形成背步。同時，兩臂微屈抱劍朝右轉身90度，體重移於右腿。眼神注視劍身中部（圖96）。

【用法】

如對方從身後擊我腰部，我邊退邊轉身，在避開其械的同時，屈臂抱劍反割敵手腕或臂部。

第二十三劍　提步翻身剁

83.獨立提格

左腳跟微向後落實，提起右膝，右腳垂懸不落。同時，兩臂微屈，仍握合把劍向身體右方往上提格。眼神注視劍身中部。左腿直立支撐體重（圖97）。

【用法】

如對方以械擊我頭部，我即雙手抱劍，以劍鍔黏住敵械朝身體右側往外、往上提格，避其攻擊，俟機反攻。

84.半馬劈奪

右腳向前落步、屈膝上提，使膝蓋與踝骨成上下垂直，承30％的重量；左腳尖與左膝蓋成上下垂直，承70％的重量。同時，兩手握劍先朝前（東北）往上直臂伸出，再向下、向後沉落（如以斧劈柴狀）眼神注視前方（圖98）。

【用法】

如對方來械被我用劍鍔黏住不離，隨即將劍高擎朝對方頭頂劈剁。

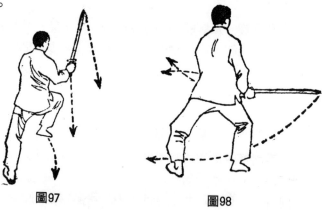

圖97　　　　　　　圖98

第二十四劍　玉女投針

85.長身前格

兩腿直立，右腳向左橫移半步，腳尖著地左腳形成丁虛步

，體重移於左腿。同時，右手劍臂外旋使劍鐔朝天、劍鋒朝地，往左移動到兩腳中間，將劍鍔朝外送出。左訣指扶在右脈門處，眼神注視劍身中部（圖99）。

【用法】

如對方以械擊我前胸，我即以劍鍔阻住其械，並以劍鋒刺其腿部。

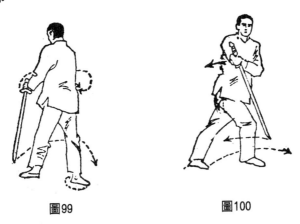

圖99　　　　　　圖100

86.轉身後撥

右手劍臂內旋使劍鋒朝地，旋轉一周由左前方往右後方移動到虎口朝下，手心朝外，右臂向東南伸直。左訣指仍扶右脈門。同時，右腳提起一下，再落下使腳尖外擺，隨之屈膝，體重移至右腿，左腿在後伸直，兩腳形成蓋步。眼神注視劍身中部（圖100）。

【用法】

對方以械從身後擊我腿部，我即轉身持劍向外黏住其械，並俟機反攻。

87.開襠反撐

右手劍持劍的姿勢不變，只隨著身體向右轉動而轉到身後時，臂內旋使手心轉向裡，腕部用勁往外往上將劍微提。同時，左腳向左前方邁進虛步，體重仍在右腿。這時，左訣指靠近右肋，指尖指向劍鐔。眼神注視劍鋒（圖101）。

【用法】

對方以械擊我腿部，我即以劍鍔黏住其械向上提格，並以劍鋒刺敵腿部。

圖101

88.探刺解谿

右手劍以劍鋒引導從身後到身前沿著右腳尖，左腳尖的旁邊往前（正北）直臂將劍送出，劍鋒高度在膝蓋以下。左訣指臂直朝左方指出。同時，左腳落實，隨之屈膝前拱；右腿在後伸直，兩腳形成左弓式，體重在左腿。眼神注視劍鋒（圖102）。

【用法】

如對方持械流動（即跑和走）向我進攻，我則以械追隨其

圖102

腿的動向而動，視對方步子稍有停頓，劍鋒即朝其足三里、解谿穴刺擊。

第二十五劍　海底擒鰲

89.分臂圈劍

右手劍與左訣指同時臂內旋各畫一小圓圈，之後，兩臂微向外撐，使虎口朝下，手心均朝外，兩腳仍為左弓式，體重仍在左腿。眼視劍鋒（圖103）。

【用法】

對方以械擊我腿部，我即以劍鋒畫圈使對方擊來械改變位置，如原在我身左側可更為身右側，方能乘隙進擊。

90.歇步捧劍

右手劍屈臂外旋畫一小圓圈，將劍鋒移到左腳尖時，再與左訣指合把持劍使劍鐔與左膝相觸，劍鋒朝天（圖104）。

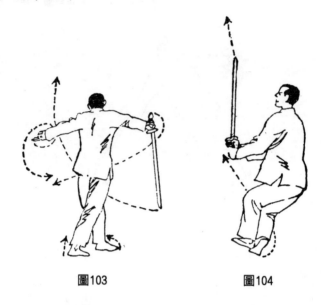

圖103　　　　　圖104

【用法】

　　對方以械擊我右腿落空復擊我左腿，我即以劍鋒畫圈格開敵械，再捧劍上迎擊其面或喉部。

91. 提膝頂劍

　　兩手捧劍形勢不變，只是左膝向前、向上一頂劍鐔有一種要離開的勁，兩手捧劍直臂朝前上舉起，同時，提起右膝，右腳垂懸不落，左腳獨立支撐體重。眼神注視劍鋒（圖105）。

【用法】

　　對方以械擊我落空後，復因受我劍劈頭而仰身後退，所以應提膝頂住劍鐔使劍鋒往前、往上長出一大段以擊敵咽喉或前胸。

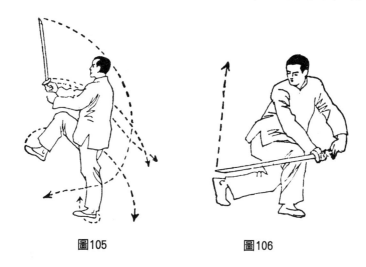

圖105　　　　　　　圖106

92.鳳凰尋窩

此式係以「身隨劍走，劍掩身形」，即右手劍以劍鋒引導走弧形線180度。即由前上方經右方到後下方（原面朝北轉成面朝南）。同時，右腿原為揚膝動作，轉成90度後右腳外擺落在左腳的前邊形成坐盤（歇步）。

這時，右手劍從上向右後下落，落到右肘與右膝相接觸為度。右臂微屈，手心向上；左訣指仍扶右脈門處。右手劍劍身成水平，劍鋒朝西，劍鐔朝東。體重在右腿。眼視劍鋒（圖106）。

【用法】

此式為洗字訣，即無論對方以械朝我身前或身後來擊，我則以劍黏住敵械而划動，即洗去敵械，再追擊其腿部。

第二十六劍　翻身提斗

93.橫架臂腕

右手劍使手心向裡直臂上舉過頭頂；左訣指靠近劍鐔。同時，右腿直立，長身上起，左腿形勢不變，兩腳仍成背步。體重在右腿。眼神注視劍身（水平）中部（圖107）。

【用法】

對方以械朝我頭部打來，我即舉劍上迎橫架截斬敵之臂、腕等部。

圖107　　　　　　　　圖108

94.童子抱香

右手劍使手心仍向裡，沉肘坐腕，虎口向上，劍鋒朝天。同時，左膝提起，左腳垂懸不落，用右腿支撐體重。眼神注視劍鋒（圖108）。

【用法】

如對方以械朝我前胸擊來，我以劍從其側下方向上抄擊敵臂、腕等部。

95.拂塵飄擺

右手劍以劍引導向左落下，落到手心靠近左膝外側，使劍身成水平而高度與膝相平為度。同時，左腳腳尖向右轉降落到右腳旁落實。隨之，上身也往右轉成面朝西。右腳由實變虛，腳跟虛懸後轉左腳形成並步；左訣指仍扶右脈門處。體重在左腳。眼神視前方（正西）（圖109）。

【用法】

對方以械向我身左側進攻。我則以劍粘住其械下沉採或下截其臂腕。

圖109

圖110

96.倒提垂揚

左腳蹬地，身體直立。右腳提起垂懸不落；右手劍隨身體的上起而將劍由下向前（正西）上方提起，超過頭頂使劍身成

水平，劍鋒朝西，劍鐔朝東，虎口向前，手心朝右；左訣指臂直下指地面，兩眼平視前方（正西）（圖110）。

【用法】

我以劍先化開敵來械，再行提劍，以劍鋒向上撩擊敵雙目。

第二十七劍　反手式

97.青龍返首

左訣指和右腳同時向前（正西）伸直與踢平。同時，右手劍隨同眼神往後（正東）平視，使劍身直臂劈出至高與肩平為度；左腿支撐體重，右腿伸直，腳尖向前踢出與胯平而垂懸不落（圖111）。

【用法】

如對方從身後以械擊我右腿，我則將右腳向前抬平避開其械，並以劍往後反劈敵頭、肩、臂、腕等部。

98.轉身加鞭

右腳收回下落，落到左腳的位置，而左腳不等右腳落下即提起垂懸不落。同時，上體向右轉身約180度（原面朝西轉朝東）；右手劍與左訣指同時互換位置，它們的變動係隨身體的轉動而動，即左訣指轉向正前方（正東）直臂指出，右手劍移動到身後直臂反腕上提劍鐔朝天，劍鋒朝後下方。右腿支撐體重。眼神平視前方（圖112）。

【用法】

對方以械擊我實腿，我即轉身換步將實腿變成虛腿而垂懸不落，形成獨立步。同時，以劍由前往後一帶橫抹其臂腕。

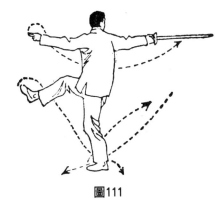

圖111　　　　　　　　　　圖112

第二十八劍　進步栽劍

99.展臂飛翔

右手劍從後下方向前上方提舉、劍鋒斜朝上空。同時，左訣指屈臂回指劍鐔；右腿支撐體重，左腳提起仍垂懸不落。兩眼注視劍鋒（圖113）。

【用法】

對方以械擊我身右側，我即以劍由下向上抄起，洗去敵械或洗擊敵臂、腕等部。

100.進步指檔

右手劍以劍鋒引導由上向前、向下落，落到接近地面為度；左訣指扶在右脈門處。同時，左腳向前落步，隨之屈膝；左腳在後伸直，兩腳形成左弓式，體重在左腿，兩眼注視劍鋒（圖114）。

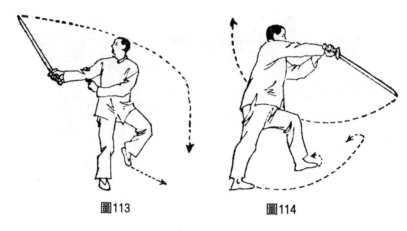

圖113　　　　　　圖114

【用法】

對方以械擊我腿部，我即略側身進步，並以劍貼靠而進擊其襠部。

第二十九劍　左右提鞭

101.劍步調換

左腳朝前（正東）邁進一步，不停，以腳跟為軸，腳尖裡扣，身體隨之向左右方扭轉，轉成面朝西。同時，右手劍以劍鋒引導走一個立圓形的半個圈（即由東往下往後至正西）；左訣指始終不離右脈門處。這時，往後坐身，右膝微屈，體重于右腿；左腳微向後撤，腳尖虛沾地面。劍鋒由下向前上方挑起，高與鼻尖相平。兩眼向前（正西）平視（圖115）。

【用法】

對方以械從後刺我腰部，我即向前上步，再往回急轉身，並以劍掤點或割敵臂腕或刺其前胸。

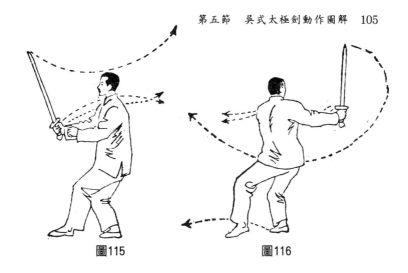

圖115　　　　　　　　圖116

102.虛步後提

上體略向右轉，右臂微屈，鬆肩沉肘而帶動右手劍由前向右、向後平移到身體右後方時，臂伸直，劍仍豎直（即劍鋒朝天，劍鐔朝地）。與此同時，右腿屈膝略蹲，左腳向後撤回靠近右腳，腳尖點地，兩腳形成胯虛步，體重在右腿，眼神注視劍鋒（圖116）。

【用法】

對方以械向我面部擊來，我則以劍鍔黏住敵械往外橫格，或以劍順其來勢提割其臂、腕等部。

第三十劍　進步撩腕

103.墊步後劈

右手劍腕部鬆力，使劍鋒由上向右（正東）降落，落至高

與肩平時，左腳向前（正西）墊上半步，落實，體重移至左腿。同時，左訣指扶在劍墩上。眼神注視劍鋒（圖117）。

【用法】

對方以械擊我脊背，我即前進半步避開來勢，並以劍鋒點擊對方手腕。

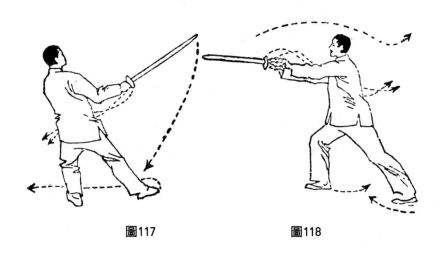

圖117　　　　　　　　　圖118

104.弓步撩腕

左腳落實，隨之右腳向前邁進一步，屈膝前拱，左腿在後伸直，兩腳形成右弓式，體重在右腿，右手劍在右腳前進的同時，臂外旋將劍順著右腿外側撩出，使劍身平直與肩同高為度；左訣指仍扶在右脈門處。眼神注視劍鋒（圖118）。

【用法】

對方以械擊我胸部，我略閃身避開其利鋒。隨即進步並以劍由下向前下方撩擊敵臂腕。

105.虛步帶劍

右膝鬆勁，往後坐身，體重移於左腿；收回右腳靠近左腳，腳尖點地，兩腳形成虛步。同時，右手劍臂內旋，鬆肩墜肘，將劍帶回靠近前胸左側。左訣指仍扶右脈門。眼神注視前方（圖119）。

【用法】

對方以械朝我面部擊來，我即將劍豎起黏住其械往外橫格，或以劍往回上帶截擊敵手腕。

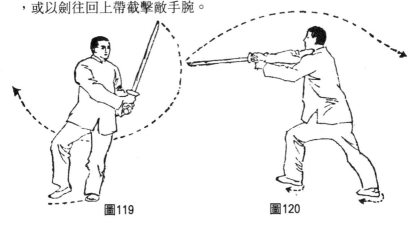

圖119　　　　　　　　圖120

106.弓步撩腕

右腳向前墊進半步落實，再進半步，隨即屈膝前拱，右腿在後伸直，兩腳成左弓式，體重在左腿。右手劍以劍鋒引導走弧形線，在右腳墊步的同時，劍鋒開始向後（正東）、向下，隨同左腳前進而向前反腕撩出（即右手口朝後下方，手心朝前下方，小手指朝天），至劍身高與肩平為度；左訣指指向劍鐔。眼神注視劍鋒（圖120）。

【用法】

對方以械擊我脊背，我即向前移步避開，並轉手落劍擊其
手腕；敵復朝我前胸擊來，我即側身進步，以劍反撩其臂、腕
部。

第三十一劍　落花待掃

107.轉身沉採

向右轉身朝正北方，兩膝鬆力，身體下蹲成馬襠步，體重
於兩腿間。同時，右手劍與左訣指在身前兩臂高舉過頭頂，之
後，走上弧形線朝左右分開，分到高與胯相平時，劍鋒朝正東
；訣指指向正西。眼神注視正西（圖121）。

【用法】

對方以械從身後擊我頭部，我即轉身避開來勢，並以劍順
勢黏住其械向下沉採，或向前劈敵頭、肩、臂、腕等部。

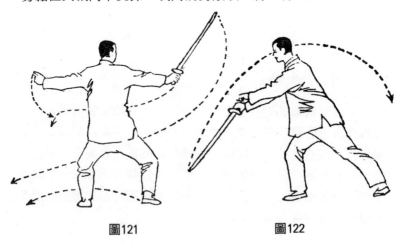

圖121　　　　　　　　圖122

108.弓步掃膝

上體微向左轉身，同時左腳向左外擺。右腳向左腳前邁進一步，隨即屈膝前拱。左腳在後，腿部膕窩舒直，兩腳成右弓式，體重在右腿。同時，兩手握劍柄成陰陽合把劍，順右腿外側向前撩出，使劍鋒高度不越過膝蓋。眼神注視劍鋒（圖122）。

【用法】

對方以械向我腿部擊來，我即進步趁勢以劍撩擊其腿部。

109.轉身回掛

左膝鬆力，往後坐身，體重移於左腿，收回右腳靠近左腳，腳尖虛沾地面。同時，兩手仍握合把劍鬆肩墜肘，臂微屈將劍豎起往身體左側帶回。眼神注視劍鋒（圖123）。

【用法】

對方以械擊我前胸，我則以劍往橫格敵手腕。

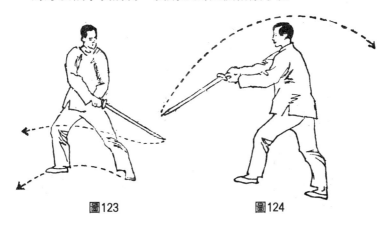

圖123　　　　　　　圖124

110.弓步撩膝

上體微向右轉,體重移於右腿的同時,左腳前進一步。隨之,左膝前拱,右腿在後伸直,兩腳成左弓式,體重移於左腿。同時,兩手仍握合把劍,先向後(正東)、向下,再順左腿外側隨同左腳前進向前反撩,至劍鋒高與膝相平為度。眼神注視劍鋒(圖124)。

【用法】

對方以械擊我腿部,我則以劍鍔黏住其械,進步反撩其膝。

第三十二劍　左右翻身劈面

111.佯敗虛劈

上體向右後轉身不停再轉向左,稍向前(正西)俯身(含欲逃之勢),隨即右腳向前(正西)邁進一步成右弓式。同時,兩手仍握合把劍,由前(正西)經過身前向後(正東)虛劈一劍落下,靠近右腿外側。同時,回首,兩眼從右肩上方往後(正東)偷視(圖125)。

【用法】

對方以械擊我腿部,我則向前進步避開其擊,並以劍朝其頭部虛劈一劍以助躲閃之勢。

112.弓步劈面

兩眼視線收回,再從左肩上方往後(正東)平遠視。同時,上身也隨著轉向後(正東)方;左腳隨著提起,待整個身體

圖125

　轉過來後，再朝左前方（東北）邁進一步，落實拱膝與右腿形成左弓式。兩手仍握合把劍，隨同身體的轉動而向前方（正東）劈出（圖126、圖127）。

　【用法】

　　對方以械從身後向我追擊時，我即突然翻身，並以劍劈敵頭部。

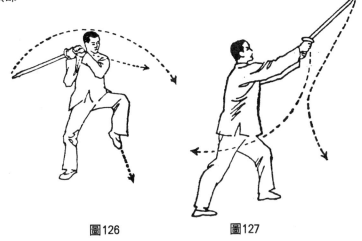

圖126　　　　　　　　圖127

113.帶劍佯敗

兩手握劍劈出後隨即往回一帶，使劍鍔靠近身體左側。同時，向右轉身（含有敗勢）。隨後，左腳向前（正西）邁進一步，落實拱膝，右腿在後伸直，兩腳成左弓式，體重在左腿。眼視轉向後方，從左肩頭往後回顧（圖128）。

圖128

【用法】

對方以械擊我前胸，我則以劍隨勢作前後移動，使劍鍔緊貼其械向下沉採或以劍擊敵臂腕。

114.弓步劈面

頭部向右轉後，眼神從右肩頭向身後（正東）平遠視。同時，身體轉向東時抬右腿。隨之，向右前方邁進一步，落實拱膝，左腿伸直，兩腳成右弓式，體重在右腿。兩手仍握合把劍，隨同身體的轉動向前（正東）劈出（圖129、圖130）。

【用法】

對方以械從身後向我追擊，我即突然翻身以劍劈敵頭部。

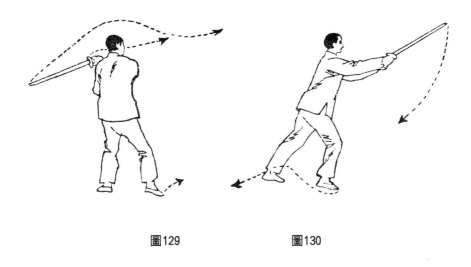

圖129　　　　　　　　　　圖130

第三十三劍　分手小雲麾

115.分手後掃

　　兩手仍握合把劍往後一撤，使劍鐔與左膝接觸，之後，微
向前送出。右腳同時向後撤一大步，腳尖著地，腳跟虛懸後轉
，扭轉後即落實屈膝；左腿伸直，左腳尖轉向右方（正南），
兩腳成仆步式，體重在右腿。同時，兩臂向左右分開，即左訣
指指向左方（正東）；右手劍分向右方（正西），平肩展開。
眼神注視劍鋒（圖131、圖132）。

　　【用法】

　　對方以械從身後擊我腰部，我即向前長腰避開其械。繼之
，轉身進步並以劍順勢橫掃敵腰。

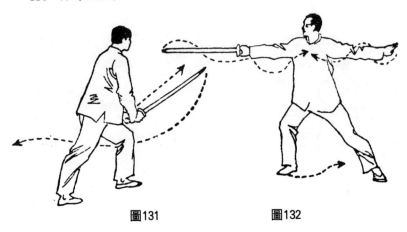

圖131　　　　　　　圖132

116.虛步抱劍

　　左膝鬆力，往後坐身，右腳隨之撤回半步，腳尖虛沾地面，兩腳成胯虛步，體重移於左腿。同時，右手劍屈臂內旋，鬆肩墜肘，使手心靠近前胸，劍身橫平，劍鋒朝西，劍鐔朝東；左訣指同時屈臂，以指尖扶在右脈門處。眼神注視劍鋒（圖133）。

圖133　　　　　　　圖134

【用法】

如對方以械擊我頭、面部，我即將劍往回一帶，抹敵手腕。

117.換把圈刺

步法與體重的形勢均與上動相同，只是將右手劍交左手握持，右手捏好訣指；上體微向右轉；兩手手心同時翻轉朝天。右訣指仍扶左脈門處，劍鋒朝前（正西）。劍鍔朝天、地。眼神順劍鋒平視前方（圖134）。

【用法】

對方以械擊我落空欲逃時，我即順其勢以劍鋒轉刺敵前胸或咽喉等部。

118.弓步掤截

右腳向右前方（西北）邁進一步，隨之屈膝前拱，左腿在後伸直，兩腳成右弓式。同時，左手劍與右訣指，兩臂同時外旋，臂微彎向前掤出，兩手手心均向前（正西），虎口左右相對朝後下方。體重在右腿。眼神視前方。劍鋒與前額前後對正（圖135）。

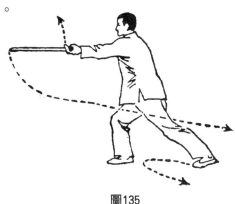

圖135

【用法】

對方以械擊我頭、面部，我即以劍沿敵臂下方往前使劍鋒刺敵咽喉。

第三十四劍　黃龍轉身

119.劍刺三里

左手劍向前下方（東南）直臂下指；右訣指向後上方（西北）直臂上伸（劍與訣成180度直線）。同時，左腳先向前移動一下，隨即朝左後方（東南）移一步。上體隨之向左轉動，轉到面朝東南方向左腳落實。隨之，屈膝前拱，右腳在後伸直，兩腳成左弓式，體重移至左腿。眼神注視劍鋒（圖136）。

【用法】

對方以械從側方擊我左腿，我即將左腳向前挪移避開敵械，之後，轉身進步並以劍鋒擊敵足三里穴。

圖136

120.大鵬展翅

右腳向劍鋒所指的位置邁進一步，隨之兩腿同時直立，長身，兩臂也同時朝身前的左右兩側前上方分展，兩手手心也同時翻轉向上。左手劍劍鋒指向西北斜上方；右訣指指向東南斜上方。體重在左腿。眼神注視劍鋒（圖137）。

【用法】

對方以械擊我頭部，我即將劍順敵臂下方貼著長身向上往外掤起，並以劍格擊其臂、腕等部。

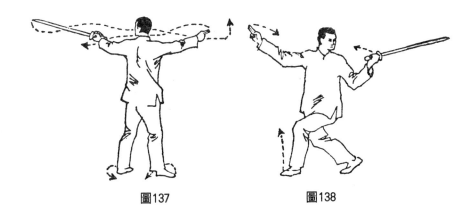

圖137　　　　　　　　　圖138

121.雲朵飛旋

右腳的腳跟為軸，腳尖裡扣，隨之，腳跟揚起。同時，左腳也以腳跟為軸，腳尖外擺，這時左腿膕窩與右膝相接觸形成歇步式。左手劍與右訣指的形態不變，只隨著兩腳的扣擺動作和身體的轉動而動。最後落實到：劍鋒原朝西方轉到面朝東北方向；右訣指指向正南方向。體重移至左腿。眼神注視劍鋒（圖138）。

【用法】

對方以械擊我頭、面部時，我即轉動身形並以劍鋒擊敵手腕。

122. 弓步掤劍

體重移於右腿，將左腳提起，以左膝與右肘尖相觸。之後，左腳隨即向左後（東北）方後撤一步，轉身落實屈膝前拱，右腿在後伸直，腳跟外開，兩腳形成左弓式，體重移於左腿。同時，兩臂均作外旋，在身體轉向正東時，直臂向前掤出，使劍鋒與鼻尖前後對正。右訣指指向劍鋒。這時，兩手手心均朝前下方，虎口左右相對。眼神仍注視劍鋒（圖139、圖140）。

【用法】

對方以械擊我後腦，我即轉身進步並以劍掤截敵臂、腕。

圖139　　　　　圖140

第三十五劍 迎風撣塵

123.虛步圈抱

左手劍與右訣指同時屈臂環抱於胸前。同時，右膝鬆力，屈膝略蹲；左腳收回向右腳靠攏，腳尖著地，體重在右腿。兩眼注視劍鋒。這時，寶劍豎立對正面門，左手劍交給右手握持，左手扶在劍墩上，兩手手心均朝裡（圖141）。

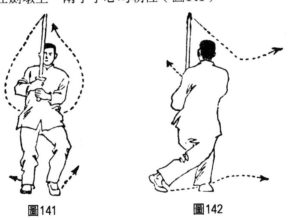

圖141　　　　　　　　圖142

【用法】

對方以械擊我前胸；我則以劍順其來勢橫截其臂，腕。

124.歇步捧劍

兩手握劍形勢不變，只隨同身體的轉動由前向左轉向後方。同時，左腳微向左側移動，落下之後以腳跟為軸，腳尖外擺落實。隨之屈膝前拱；右膝鬆力，使膝蓋向前抵住左腿膕窩，

右腳腳尖著地，腳跟離地揚起，體重移至左腿。眼神平視前方（正東）（圖142）。

【用法】

對方以械擊我前胸左側，我即向左轉身，以劍鐔黏住敵械的進擊，或橫格其臂腕。

125. 坐步提挑

右手劍以劍鋒引導向右（正東）傾倒，與劍身成水平線為度，鬆肩墜肘成「內把劍」，（即手心對正自己，手背朝外，拳骨朝天。）使劍鋒含有向上提、挑之意。左訣指的手心朝裡仍扶於劍墩上。同時，左腿形式不變，只將右腳向前（正東）邁進一步，腳跟著地，腳尖翹起，體重仍在左腿。眼神注視前方（圖143）。

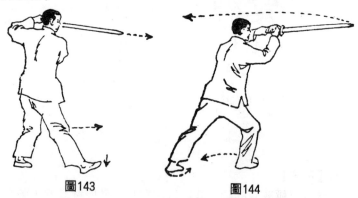

圖143　　　　　　圖144

【用法】

對方以械擊我前胸，我即微轉身形並以劍鋒挑擊敵肩窩。

126. 弓步探刺

右腳逐漸落實，隨之，屈膝前拱；左腿在後伸直，兩腳成

右弓式。體重移至右腿。同時，右手劍隨著身體的前進，向前
（正東）平送出；左訣指仍扶劍墩。眼神注視劍鋒（圖144）
。

【用法】

當對方以械擊我落空欲逃之際，我則以劍鋒探刺敵面部。

127. 虛步圈抱

左膝鬆力，右膝略蹲。右腳收回向左腳靠攏，腳尖著地，
體重在左腿。同時，左訣指仍扶劍墩。兩手手心均朝裡，鬆肩
墜肘，將劍豎直（即劍鋒朝天、劍鐔朝地）。帶回置於胸前。
眼神注視右前方（圖145）。

【用法】

對方以械擊我前胸，我則以劍順其來勢橫截其臂、腕。

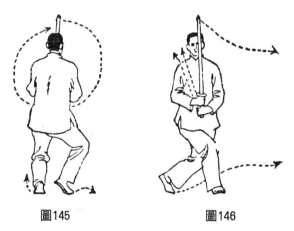

圖145　　　　　　　　圖146

128. 歇步捧劍

右腳微向右側移動，落下之後以腳跟為軸，腳尖外擺落實

，隨之，屈膝前拱，左膝鬆力，使膝蓋向前抵住右腿膕窩，左腳尖著地，腳跟離地揚起，體重移至右腿。同時，兩手握劍形勢不變，只隨同身體的轉動由前（正北）經右方再轉向後方（正南）。眼神平視前方偏左（圖146）。

【用法】

對方以械擊我胸右側，我即向右轉身，並以劍鍔黏住敵械使其不得進擊，或截格其臂、腕。

129.坐步提挑

右手劍以劍鋒引導向左（正東）傾倒。左訣指向後（正西）推動劍墩，使劍身成水平為度，而使劍鋒有向上提、挑之意。同時，右腿形勢不變，將左腳向前（正東）邁進一步，腳跟著地，腳尖翹起，體重仍在右腿。眼神注視前方（圖147）。

【用法】

對方以械擊我前胸，我即微轉身形，並以劍鋒挑擊敵肩窩。

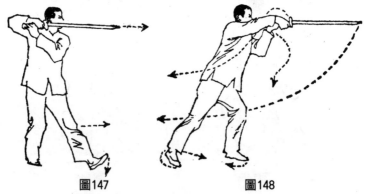

圖147　　　　　　圖148

130.弓步探刺

左腳逐漸落實。隨之，屈膝前拱，右腿在後伸直，兩腳形

成左弓式，體重移至左腿。同時，右手劍隨著身體的前進向前平送出；左訣指仍扶劍墩。眼神注視劍鋒（圖148）。

【用法】

當對方以械擊我落空欲撤械之際，我即向前探刺敵面部。

第三十六劍　跳澗截攔

131. 回身下截

右手劍屈臂使劍鋒朝地，從身前往身後豎劍橫撥，隨之，身體也轉向後（正西）。同時，左腳向裡扣步，左膝微屈略蹲，體重寄於左腿；右腿屈膝上提，右腳腳尖虛沾地面。這時，兩臂置於身體兩側，同時，鬆肩墜肘，兩手手心均朝外，虎口均朝後下方。右手劍的劍柄含有上提之意，使劍鐔朝天，劍鋒朝地。左訣指指向前下方。眼神注視劍鋒（圖149）。

【用法】

對方以械從身後擊我右腿，我即轉身收步，並以劍鐔外格其械或以劍下截敵腿部。

圖149

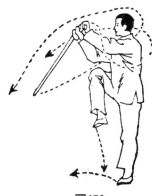

圖150

132.提步外格

右手劍屈臂外旋將劍反提向上,使劍鐔朝後上方靠近面門,劍鋒朝右前(西北)下方,右手心朝右後上方,虎口朝前下方;左訣指扶在右脈門處。同時,右腳提起垂懸不落。左腳支撐體重形成獨立步。眼神注視右前(西北)上方(圖150)。

【用法】

對方以械擊我頭部,我即屈臂向上反提寶劍往外格開其械,並以劍鋒擊敵前胸。

133.跳步劈攔

左腳蹬地,將身躍起,隨即兩腳相繼落下。右腿屈膝下蹲使兩膝內側相貼為度。左腿舒直,左腳虛放在地面,體重在右腿。同時,右手劍和左訣指在身前同時分開。繼之,向下、向後、再由後向上、向前、向下走一個立圓形的側立花。最後,右手劍與左訣指仍在身體前會合,使劍身平直落到高與胯相平為度。左訣指仍扶在右脈門處,眼神平視前方(圖151)。

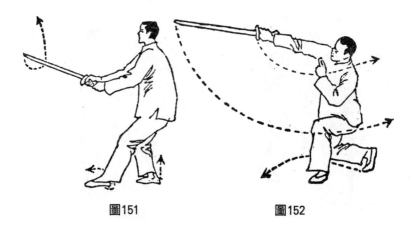

圖151　　　　　　圖152

【用法】

對方以械橫掃我小腿時，我即腳蹬地躍身，跳過敵械並以劍劈敵頭部。

134.蓋步反截

左腳腳尖外擺，隨之，屈右膝，右膝向前抵住左腿膕窩，右腳跟揚起，使臀部接觸小腿。同時，右手劍臂內旋握成陽把劍，使劍鋒朝右前（西北）斜上方；左訣指指向劍鐔，使左肘肘尖與左膝緊貼，體重寄於左腿。眼神注視劍鋒（圖152）。

【用法】

對方以械擊我右肩，我即縮身下移避開敵械，並以劍鋒攔截敵臂、腕。

第三十七劍　左右臥魚

135.長身上掤

左腿直立支撐體重，右腳自動向前（正西）邁進一虛步。上體向左轉動約90度。同時，右手劍臂部鬆力，使劍落下後。再作臂內旋而隨同身體的轉動，將劍向左、向上提起，往外掤出。手心朝外，虎口向下；劍鋒向下，劍鐔向上，左訣指扶在右脈門處。眼神注視劍鋒（圖153）。

【用法】

對方以械擊我頭部左側，我即向左轉身以劍往上、往外掤截其臂、腕部。

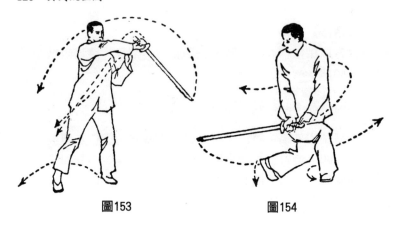

圖153　　　　　　　　　　圖154

136.背步加鞭

右腳向前墊步落實，隨之，屈膝下蹲；左腳向右腳右後方進一步（背步），以膝蓋抵住右膕窩，腳尖著地，腳跟揚起，體重在右腿。同時，右手劍由左往右走上弧形由上向下落，至右手手背靠近右膝，使劍身成水平（即劍鋒朝西，劍鐔朝東），劍刃朝天地；左訣指始終不離右手脈門處。眼神注視劍鋒（圖154）。

【用法】

對方以械擊我頭右側，我即轉身向右併攏劍迎擊敵頭部，或劈敵臂、腕。

137.白鶴亮翅

兩腳均以腳掌為軸，隨同身體的轉動，轉向後方（原面朝南，往左轉為面朝北）。然後，兩腿直立長身。兩臂也同時從身體兩側往外、往上分展，高舉過頭頂，兩手手心均朝上，至左訣指指向左前（西北）上方；右手劍朝右前（東北）斜上方

掤出，劍鋒朝右後（東南）下方。體重在右腿。眼神注視右前方（圖155）。

【用法】

對方以械從身後左側向我進攻，我即向左後方轉身，同時展臂以劍從下向上、向外提撩敵身。

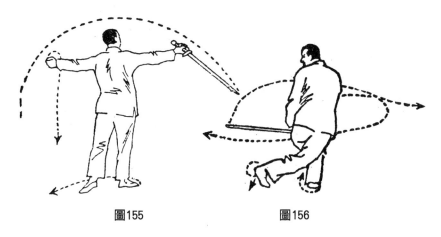

圖155　　　　　　　　　圖156

138.燕落青萍

左腳向左墊半步，落實，隨之屈膝下蹲，右腳從左腳的後面向左倒插一步，以膝蓋抵住左腿膕窩，右腳腳尖著地，腳跟揚起，體重寄於左腿。同時，右手劍從右向左走上弧線降落，至右手心與左膝蓋相貼近為度，使劍身成一橫直線（即劍鋒朝西，劍鐔朝東，劍刃朝天地）；左訣指扶在右脈門處。眼神注視劍鋒（圖156）。

【用法】

對方以械向我前胸擊來，我即略轉身形，同時背步並以劍下截敵臂、腕。

第三十八劍　抱月式

139.轉身橫掃

　　兩腳均以腳前掌為軸，隨身體的轉動而轉向後方（即原面朝北，往右、往後轉為面朝南）。然後，右腿屈膝略蹲，左腿伸直，兩腳成鋪步式。同時，右手劍與左訣指在轉過身體之後，從身體兩側往外展開，至臂高與肩平為度，兩手手心均朝下，劍鋒指向正西，左訣指指向正東。體重在右腿。眼神注視劍鋒（圖157）。

【用法】

　　對方以械擊我後腰，我即向後轉身，並展臂以劍橫掃敵腰部。

圖157　　　　　　　　　圖158

140.弓步圈刺

　　右腿仍屈膝前拱，左腿舒直，兩腳形成右弓式，體重在右腿。同時，右手劍以劍鋒引導由右向左前方（東南）圈刺；左

訣指扶右脈門處，兩手手心均朝下。眼神注視劍鋒（圖158）
。

【用法】

對方以械擊我前胸，我略轉身形，並以劍鋒點刺敵肩頭或
咽喉。

141. 仰面後掤

左膝鬆力，體重移至左腿；右腿舒直，兩腳形成鋪步式。
同時，左訣指先扶右脈門處，與右手劍兩手心均翻轉向上之後
，再往左右分開，並以劍鋒引導由身前往頭頂上方繼續移動到
極點。眼神始終不離劍鋒，並仰身仰面注視劍鋒（圖159）。

【用法】

對方以械向我頭部擊來，我即以劍鍔黏住敵械，順其來勢
而奪之。

圖159　　　　　圖160

142. 虛步攔腰

右手劍與左訣指同時朝左右分開，之後，再往身前平移，

至胸前含合。兩手手心朝上，兩掌掌緣相貼。同時，左腳不動，左膝微屈，體重仍在左腿；右腳向左前方上一虛步，使兩膝內側相貼為度。眼神注視劍鋒前方（圖160）。

【用法】

對方械擊我頭部，我先以劍化開敵進攻，然後再以劍橫攔斬其腰部。

第三十九劍　單鞭式

143.退步左攔

左訣指扶於右脈門處，隨身體的轉動直臂向左平移，右腳向右側橫開一步，腿部舒直，左腿屈膝前拱，兩腳成鋪步式，體重仍在左腿。眼神注視劍鋒左前方（東南）（圖161）。

【用法】

對方以械擊我前胸，我即微轉身形，並以劍橫攔敵腰部。

144.轉身回掃

上體向右旋轉，同時右膝鬆力，體重隨同身體的旋轉而移到右腿上；左腿伸直，兩腳形成鋪步式。同時，右手劍與左訣指向左右平行分開，即訣指朝東，劍鋒朝西。兩臂展成一條直線，高與肩相平。兩手手心均朝天。眼神注視劍鋒（圖162）。

【用法】

對方以械擊我前胸，我即旋轉身形避開敵械，並橫劍回掃敵身。

圖161 　　　　　　　　　圖162

第四十劍　肘底提劍

145.卸步合劍

右腳向左後方背一步，腳前掌著地，腳後跟提起，體重在左腿。同時，右手劍與左訣指的兩臂均作內旋，直轉到兩手掌心朝地為度。這時，兩腳成歇步，即右膝蓋抵住左腿膕窩。眼神注視劍鋒（圖163）。

【用法】

對方以械擊我右腿時，我即以劍鍔緊粘其械，作沉採或下壓化開敵械。然後趁勢還擊。

146.鋪步抽壓

上體半面右轉，隨之以左腳單腿支撐體重。同時提起右腳而垂懸不落。稍停隨將右腳後撤半步，隨之，屈膝下蹲，左腿伸直，兩腳形成鋪步式，體重在右腿。同時，右手劍屈臂折肘

圖163

，往身體右後方抽撤下壓，左臂也同時屈肘，手心向下回指劍
鐔，屈臂下壓，接近劍鍔之上。眼神注視劍鋒（圖164、圖165）
。

【用法】

對方以械從身後擊我腿部，我即撤步轉身以劍下壓敵，並
俟機待發。

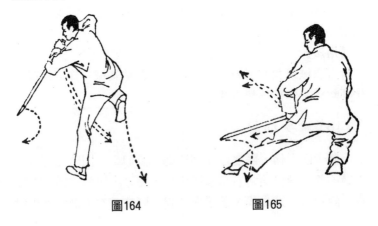

圖164　　　　　　　圖165

147.弓步外格

右腳蹬地，使身體向前移動；左腳腳尖自動外擺，隨之，左膝前拱，右腿在後伸直，體重移至左腿，兩腳形成左弓式。同時，右手劍直臂提劍前推，使劍豎直即劍鐔朝天，劍鋒向地。左訣指扶在右脈門處。眼視前方（圖166）。

【用法】

對方以械擊我左腿，我即將劍豎直往外橫撥格開敵械，並趁勢還擊。

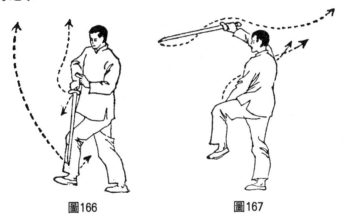

圖166　　　　　　　　圖167

148.獨立架樑

左腳蹬地自然提起垂懸不落，右腳獨立支撐體重。同時，右手劍由下向前、向上直臂將劍舉過頭頂，使劍身成前後水平線，即劍鋒朝西，劍鐔朝東；左訣指在朝上提劍的同時，朝下指向地面。眼神平視前方（正西）（圖167）。

【用法】

對方以械向我前胸擊來，我先以劍鍔格開敵械，然後以劍

鋒擊敵前胸，或挑擊敵睛。

第四十一劍　海底撈月

149.挑旗聽風

左腳提起垂懸不落，右腿支撐體重。右手劍鬆肩墜肘，先屈臂將劍豎直往右、往後（東北）帶回，即劍鋒朝天，劍鐔朝地。左訣指同時屈臂以指尖指向劍鐔（圖168）。

圖168

【用法】

對方以械擊我頭部，我即以劍格開其械，或橫擊敵臂、腕。

150.枯樹盤根

左腳先向左前方（西南）邁進一步落實，隨之，屈膝前拱

，右腿在後伸直，體重移至左腿，兩腳形成左弓式。同時，右手劍以劍鋒引導由上向前下方降落，落到劍鋒與兩腳形成等邊三角形時，再朝左前上方移動到劍鋒指向西南方，劍高與肩相平為度。同時，左訣指屈臂手心向上，指尖靠近左肋。眼神注視劍鋒（圖169、圖170）

【用法】

對方以械擊我腿部，我即以劍向下掃擊敵腿部，或預先以劍迎擊敵臂、腕。

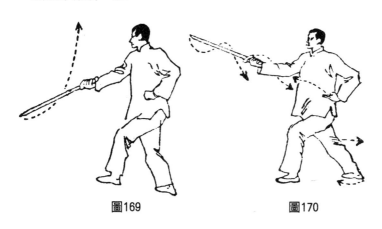

圖169　　　　　　　圖170

第四十二劍　橫掃千軍

151. 搖身擺柳

上體先向左稍轉身形，繼而轉向右。隨之，右膝微屈，左腿舒直，體重移於右腿。同時，右手劍臂外旋，使手心從朝上轉為朝下；左訣指變掌與右手握成合把劍。然後，將劍向右往

外斜帶懷抱在胸前，使劍鋒至於左肩前方。眼神注視劍鋒（圖
171）。

【用法】

　　對方械擊我頭部，我即以劍鋒畫一弧形，片擊敵肩、臂或
頭部。

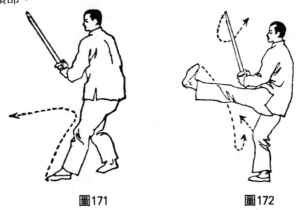

圖171　　　　　　　　　圖172

152.捷足登山

　　左右兩手緊握合把劍，將劍向右前上方微抬起。同時，左
腳蹬地，抬起後朝左前上方蹬出而垂懸不落，置於劍鋒的下面
，右腿支撐體重。眼神注視劍鋒（圖172）。

【用法】

　　對方以械掃擊我左腿，我即劍橫斬敵頭部，並抬左腿以避
敵進擊，又可蹬敵軟肋。

153.順步橫劍

　　左右兩手握好合把劍，鬆肩墜肘，將劍懷抱在胸前，劍鋒
仍在身體左前方。同時，將懸空的左腳朝右前方落進一步。隨

之，左膝前拱，右腿在後伸直，兩腳形左弓式。體重移至左腿（圖173）。

【用法】

對方以械擊我前胸，我即以劍鍔黏住敵械往回、往下沉採，俟機待發。

圖173　　　　　圖174

154.拗步橫劍

右腳繼續向前方（西北）邁進一步，隨之，屈膝前拱；左腳在後，腿部舒直，兩腳形成右弓式，體重移至右腿。同時，兩手仍握合把劍，平向前直臂送出，使劍高度與肩相平為度。眼神仍視劍鋒（圖174）。

【用法】

對方以械擊我前胸，我即以械沉壓敵械使之向下。然後，橫劍向前推進掃擊敵腰部。

155.捷足登山

兩手仍握緊合把劍，將劍向左前上方微抬起。同時，右腳

蹬地，抬起後朝右前上方蹬出垂懸不落，置於劍鋒下。左腿支撐體重。眼神仍視劍鋒（圖175）。

【用法】

對方以械掃擊我右腿，我即以劍橫斬敵頸部，並抬起右腳，既能避敵襲擊，又可蹬敵軟肋。

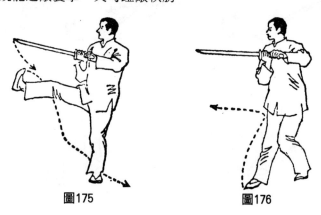

圖175　　　　　　圖176

156.搖身擺柳

上體轉向左。隨之，左膝微屈，右腿舒直，體重移於左腿。同時，兩手仍握合把劍，在身體轉動的同時，以劍鋒引導向後、向右、向前畫一弧形，之後，將劍懷抱置於胸前。眼神注視劍鋒（圖176）。

【用法】

對方以械擊我頭部，我即以劍鋒畫一弧形，即片擊敵肩、臂或頭部。

157.順步橫劍

左右兩手握好合把劍，鬆肩墜肘，將劍懷抱在胸前，劍鋒

仍在身體右前方。同時,將懸空的右腳朝左前方(西南)落進一步。隨之,右膝前拱,左腿在後伸直,兩腳形成右弓式,體重寄於右腿。眼神注視劍鋒(圖177)。

【用法】

對方以械擊我前胸,我即以劍鍔黏住其械往回往下沉採,俟機待發。

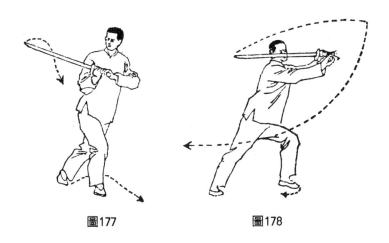

圖177　　　　　　　圖178

158.拗步橫劍

左腳繼續向前方(西南)邁進一步。隨之,屈膝前拱,右腿在後舒直,兩腳成左弓步,體重移至左腿。同時,兩手仍握合把劍平向前方,直臂推送出去,使劍高與肩相平為度,眼神注視劍鋒(圖178)。

【用法】

對方以械擊我前胸,我即以劍鍔沉壓敵械使之向下,然後,橫劍向前推進掃擊敵腰部。

第四十三劍　靈貓捕鼠

159.氣貫長虹

　　右手劍以劍鋒引導，由右（正西）往左前（東南）上方至臂直，再折回往右後（西北）下方走弧形線，移動至臂伸直，手心朝下為度；左訣指臂直朝左前方展開，手心朝下。同時，右腳向前與左腳靠攏後，再向右邁一步，隨之，屈膝前拱，左腿在後伸直，兩腳形成右弓式，體重移至右腿。眼神注視劍鋒（圖179、圖180）。

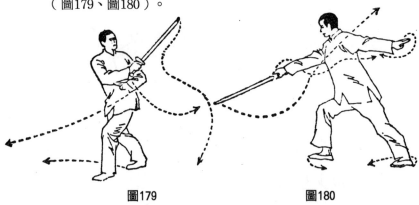

圖179　　　　　　　　　　　圖180

【用法】

　　對方以械向我頭擊來，我即以劍鋒向上迎擊敵腕，再折回向下擊敵陰陵泉或三陰交穴道。

160.高山滴水

　　右手劍以劍鋒引導，由下向左上方挑起至頭頂上方，再折

回劍鋒往身背後向下降落，使劍鋒與後腰相平為度。同時，左訣指由左移至扶在右脈門處；上身隨劍的升降而向左扭轉，轉到不能再轉為度；當劍鋒由頭頂往身後下降的同時，左腳以腳跟為軸，腳尖向外擺約90度落實後，右腳尖著地，右腳跟懸起，體重移至左腿。眼神不離劍鋒（圖181、圖182）。

圖181

圖182

【用法】

當對方從身後以械擊我後心時，我即向左轉身，並以劍鍔由上向下再往外格開敵械，待機還招。

161.千將入鞘

右手劍以劍鋒引導，由前（正北）朝左後（西南）方靠近左腿外側下方；左訣指仍扶右脈門。同時，左腳收回落實，右腳腳尖虛沾地面，體重移至左腿。眼神注視前方（圖183）。

【用法】

對方以械擊我左腿，我即以劍鍔往左下方向外格開敵械，或以劍迎擊敵臂腕。

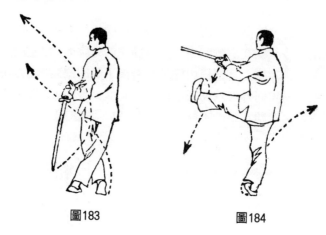

圖183　　　　　圖184

162.山崩噴洪

　　右手劍由後下方往前，往上折回直臂送出；左訣指仍扶右脈門處，兩手手心均朝天（這時劍身平直指向西北）。同時，體重移至右腿，在劍向前送出的同時，左腿抬平而垂懸不落，置於劍鋒下方。眼神注視劍鋒（圖184）。

　　【用法】

　　對方以械擊我下身，我即以劍順其來勢黏住其械往後一帶，立即向前甩擊敵面部。同時，抬左腳向前踢敵手腕，或腹部。

第四十四劍　蜻蜓點水

163.舟起雙帆

　　左腳向前（西北）落進一步，支撐體重。隨之，右腳屈膝，使右腳腳尖向後揚起，腳心朝天而垂懸不落。同時，左訣指按劍墩向前、向下沉採，使劍鋒朝前（西北）上方揚起。眼神

注視劍鋒（圖185）。

【用法】

對方以械擊我前胸，我即以劍黏住敵械往下沉採，使劍鋒朝前迎擊敵胸或頭部。

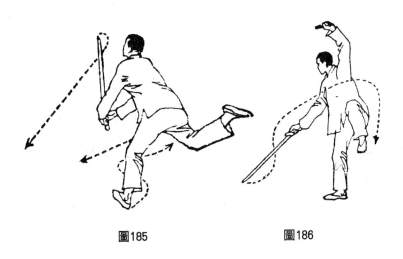

圖185　　　　　　圖186

164.劍點解谿

右手劍以劍鋒引導由上往前（西北）下方直臂點刺近地面；左訣指朝頭頂左上方直臂伸展。同時，右腳向前方（西北）邁進一步，落實支撐體重，左腳屈膝提起垂懸不落。眼神注視劍鋒（圖186）。

【用法】

對方以械擊我落空欲換式之際，我即進步順勢以劍鋒點刺敵足三里或解谿穴。

第四十五劍　黃蜂入洞

165.劍刺三里

右手劍以劍鋒引導由劍鋒的起點往上經過左腋下再折回到原起點，即繞身一周。同時，左訣指屈臂由上降落，落到手心貼近右肩井穴，手指尖指向耳吞。左腳從身後越過右腳的右前方（西北）先落腳尖。之後，兩腳隨著身體的左轉也轉向左方（西北），隨即左腳屈膝前拱，右腿在後伸直，兩腳形成左弓式，體重在左腿。眼神注視劍鋒（圖187、圖188）。

【用法】

對方以械擊我前胸，我即以劍鋒由下向前上方直擊敵前胸或臂腕；如進擊落空而將劍折回，隨轉身形再以劍鋒刺敵腿部足三里穴。

圖187

圖188

166.虛步捧劍

右腳向前進一步與左腳靠攏，上體下蹲，體重仍在左腳。同時，右手劍豎起朝天；左訣指從右肩離開，與右腕交叉成十字。眼神注視劍鋒（圖189）。

【用法】

對方以械擊我前胸，我即先往左側閃身避開其械，並以劍由下向上抄擊敵前胸或咽喉。

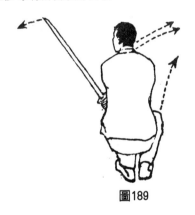

圖189

第四十六劍　老叟攜琴

167.蓋步上掤

右手劍與左訣指同時臂外旋，使兩手手心翻轉朝外，往右前方掤出。同時，右腳提起向前蹬出，然後落在左腳前，以左膝抵住右膕窩為度，形成蓋步式，體重在右腿。眼神注視劍鋒（圖190、圖191）。

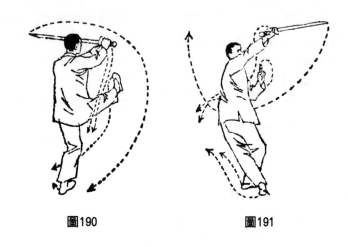

圖190　　　　　　　　　圖191

【用法】

對方以械擊我頭部，我即進步欺身，並以劍迎截敵臂、腕部。

168．虛步捧劍

左腳朝左前方（西北）邁進一步落實。隨之，右腳跟進一步落於左腳旁，腳尖虛沾地面，兩腳形成併步，體重在左腿。同時，右手劍與左訣指在左腳邁步的同時，兩手朝兩側分開；在右腳向左腳併步的同時，兩手再回到身前相合，仍作捧劍式，劍鋒朝天。左訣指扶在右脈門處。眼神注視劍鋒（圖192）。

【用法】

對方以械擊我腹部，我即橫挪移左步，並以劍橫截其臂。然後，以劍鋒向前上方穿刺敵咽喉。

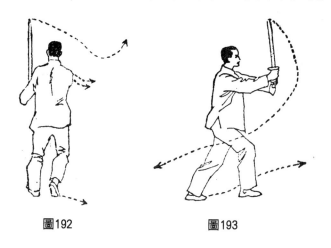

圖192　　　　　　　　圖193

第四十七劍　雲麾三舞

169. 迎門劈頂

向右轉身，右腳朝東南方撤開一步。隨之，屈膝前拱，左腿在後伸直，兩腳形成右弓式，體重在右腿。同時，兩手握成合把劍，隨著身體的右轉而向左右前方（東南）劈出，使劍高與頭頂相平。眼神注視劍鋒（圖193）。

【用法】

對方以械從右側擊我頭部，我即向右轉身，並以劍沿對方臂外側向前劈敵頭、肩部。

170. 弓步帶劍

左腳朝左前方（東北）進一大步。隨之，屈膝前拱，右腿伸直，兩腳成左弓式，體重在左腿。同時，上身往右扭轉；兩

手仍握合把劍朝右後方（西南）直臂送出。眼神注視劍鋒（圖194）。

【用法】

對方以械擊我右腿，我即往敵右側進左步，並轉身以劍朝右後下方掃擊敵腿部。

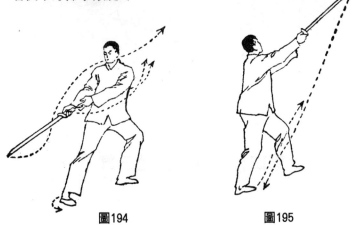

圖194　　　　　　　　　　圖195

171.轉身劈頂

上體向左扭轉。同時，兩手握好合把劍向東北斜上方。直臂劈出。步法仍為左弓式，體重仍在左腿。眼神注視劍鋒（圖195）。

【用法】

在對方擊我落空欲逃之際，我以劍順勢直劈敵肩、臂部。

172.提膝下截

右腿屈膝提起，右腳垂懸不落，左腿支撐體重。同時，兩手仍握合把劍，朝右後方（西南）直臂下伸。眼神注視劍鋒

（圖196）。

【用法】

對方以械從身後擊我右腿，我即將右腿提起避開來械，並以劍朝後下方截擊敵臂、腕部。

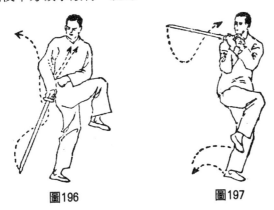

圖196　　　　　圖197

173. 回身抱劍

左腿支撐體重，右腳提起懸空不落。同時，屈臂將劍橫放在右肩側，並含有由外向內懷抱之意。眼神注視劍鋒（圖197）。

【用法】

對方以械擊我右肩或右肘，我即將劍收回懷抱至右肩外側，往外格開敵械，並以劍鋒撩擊敵前胸、右肋等部。

174. 胯虛截臂

右腳向右前方（西南）落進一步。隨之，右膝微屈略蹲，左腳向前進一步靠近右腳，腳尖虛沾地面。同時，兩手仍握合把劍，鬆肩墜肘屈臂，使劍橫平在身體右側，舉過頭頂，劍鋒

朝北，劍鐔朝南，劍刃朝天地。眼神注視劍鋒（圖198）。

【用法】

對方以械擊我頭部，我即進步縮身舉劍架截敵臂、腕。

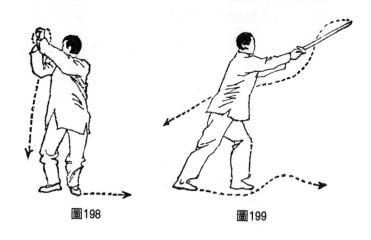

圖198　　　　　　　　　　圖199

175.迎門劈頂

左腳向東北方撤一步。隨之，向左轉身，左腳鬆力前拱，右腿在後伸直，兩腳成左弓式，體重移至左腿。同時，兩手握成合把劍，隨身體向左轉動而往左前方（東北）劈出，劍高與頭頂相平。眼神注視劍鋒（圖199）。

【用法】

對方以械從身後擊我頭部，我即向左轉身，並以劍沿敵臂外側向前劈敵頭、肩等部。

176.弓步帶劍

右腳向右前方（東南）進一大步。隨之，屈膝前拱，左腿伸直，兩腳成右弓式，體重移至右腿。同時，上身向左扭轉，

兩手仍握合把劍朝左後下方（西北）直臂送出。眼神注視劍鋒
（圖200）。

　　【用法】

　　對方以械擊我左腿，我即向敵左側進右步，並向左轉身形
，以劍朝左後下方掃擊敵腿部。

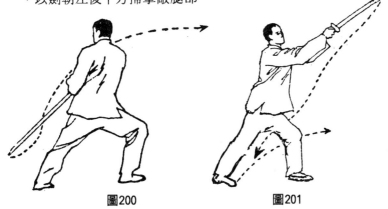

圖200　　　　　　　　圖201

177.轉身劈頂

　　上體向右扭轉。同時，兩手握手合把劍，向右前方（東南）
直臂劈出。步法仍為右弓式，體重在右腿。眼神注視劍鋒（圖
201）。

　　【用法】

　　對方以械擊我落空欲逃，我以劍順勢直臂劈敵肩、臂部。

178.提膝下截

　　左腿屈膝提起，左腳垂懸不落；右腿支撐體重。同時，兩
手仍握合把劍，向左後方（西北）直臂下伸。眼神注視劍鋒
（圖202）。

【用法】

　　對方以械擊我左腿，我即將左腿提起避開敵械，並以劍向後下方截擊敵臂或肋間部。

179.回身抱劍

　　右腿支撐體重，左腳提起空懸不落。同時，兩手屈臂將劍橫放在左肩旁，含向內懷抱之意。眼神注視劍鋒（圖203）。

【用法】

　　對方以劍擊我左肩或左肋時，我即將劍懷抱到靠近左肩外側格開敵械，並以劍鋒撩敵前胸或左肋。

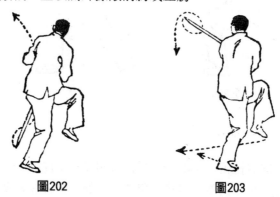

圖202　　　　　　　　圖203

180.跨虛截臂

　　左腳向左前方（西北）進一步。隨之，左腳微屈略蹲；右腳向前進一步靠近左腳，腳尖虛沾地面。同時，兩手握好合把劍，屈臂鬆肩墜肘，使劍橫平在身體左側，舉過頭頂。劍鋒朝南，劍鐔朝北，劍刃朝天地。眼神注視劍身中部（圖204）。

【用法】

　　對方以械擊我頭部，我即進步縮身，舉劍架截敵臂、腕部。

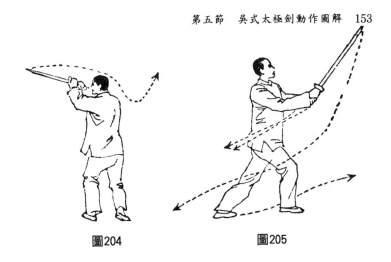

圖204　　　　　　　　圖205

181. 迎門劈頂

往右轉身，右腳向東南方向撤一步。隨之，屈膝前拱，左腿在後伸直，兩腿成右弓式，體重移至右腿。同時，兩手握好合把劍，隨著身體的右轉往右前（東南）劈出，劍高與頭頂相平。眼神注視劍鋒（圖205）。

【用法】

對方以械擊我頭部，我即向右轉身，並以劍沿其外側向前劈敵頭、肩等部。

182. 弓步帶劍

左腳向左前方（東北）斜進一步。隨之，屈膝前拱；右腿伸直，兩腳成左弓式，體重移至左腿。同時，上身向右扭轉；兩手仍握合把劍，向右後方（西南）往下直臂送出。眼神注視劍鋒（圖206）。

【用法】

對方以械擊我右腿，我即往敵身右側進左步，並向右扭轉身形，以劍向右後方掃擊敵腿部。

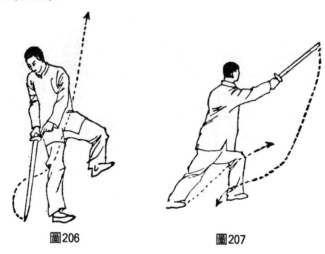

圖206　　　　　　圖207

183. 轉身劈頂

上體向左扭轉。同時,兩手握合把劍,向東北斜上方直臂劈出;步法仍為左弓式,體重在左腿。眼神注視劍鋒(圖207)。

【用法】

對方以械擊我落空欲逃,我即以劍順勢直臂劈敵肩、臂等部。

184. 提膝下截

右腿屈膝,提右腳垂懸不落;左腿支撐體重。同時,兩手仍握合把劍,向右後方(西南)直臂下伸。眼神注視劍鋒(圖208)。

【用法】

對方以械擊我右腿,我即將右腿提起避開來械,並以劍向右後方截擊敵臂或肋間部。

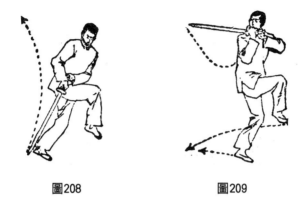

圖208　　　　　　　圖209

185.回身抱劍

　　左腿支撐體重，右腳提起懸空不落。兩手同時屈臂將劍收回橫於右肩旁，含向內懷抱之意。眼神注視劍鋒（圖209）。

　　【用法】

　　對方以械擊我右肩或右肘時，我即將劍帶回靠近右肩外側格開敵械，並以劍鋒撩擊敵前胸或右肋。

186.跨虛截臂

　　右腳向右前方（西南）落進一步，隨之。右膝微屈略蹲；左腳向前進一步，腳尖虛沾地面。同時，兩手仍握合把劍，屈臂鬆肩墜肘，使劍橫平在身體右側舉過頭頂，劍鋒朝北，劍鐔朝南，劍刃朝天地。眼神注視劍身中部（圖210）。

　　【用法】

　　對方以械擊我頭部，我即進步縮身。舉劍架截敵臂、腕部。

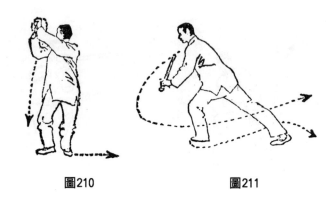

圖210　　　　　　　圖211

第四十八劍　神女散花

187.鋪步墜地

右膝鬆力，身體略蹲；左腳向左（正東）橫開一步，腿部伸直成一字形，體重在右腿。眼神注視劍身中部（圖211）。

【用法】

對方以械擊我右腿，我以劍鍔黏住其械向下沉採，奪其械使之脫把。

188.背步取膝

右手劍交於左手，右手揑好訣指，以指尖緊貼右肋間；左手握劍，以劍鋒引導由北經過正西、正南至正東走弧形，平直臂展開。劍鍔朝天地，劍鋒朝正東方，接近地面。同時，右腳從身後向左移動到左腿的左後方落下，腳尖著地，腳跟提起，體重移至左腿。兩腿成背步。眼神注視劍鋒（圖212）。

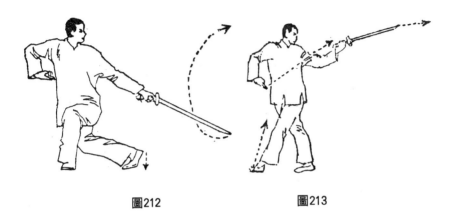

圖212　　　　　　　圖213

【用法】

　　對方以械橫擊我頭部，我即將上體降低，並以劍鍔掃擊敵腿部。

<h1 style="text-align:center">第四十九劍　妙手摘星</h1>

189.倒摘星斗

　　上體向左微移，體重隨著由左腿移至右腿。左腳全掌虛沾地面。同時，左手劍使手心翻轉朝天，以劍鋒引導由下向上朝前抬起，至劍高與頭頂相平為度。右訣指仍扶於右肋間，手心朝天。眼神注視劍鋒（圖213）。

【用法】

　　對方以械擊我頭部，我即抬臂舉劍先擊敵持械之臂之後，再往前進身，以劍取敵右眼。

190.進步取睛

左手劍使手心翻轉朝天；右訣指移扶在左脈門處。同時將左腿提起以左膝和右肘靠近。隨即左腳朝左前方落下，繼之屈膝前拱，右腿在後伸直，兩腿形成左弓步式。與此同時，左手劍和右訣指兩臂微屈內旋使兩手手心均朝下，分置在頭部左右斜前上方。劍鋒與肩心前後對正。眼神注視前方（圖214、圖215）。

【用法】

對方以械擊我腿部，我即抬起左腿避開敵械。然後落步進身，以劍取敵面部。

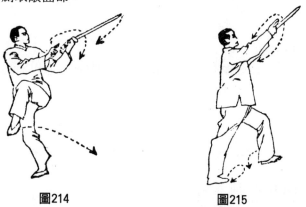

圖214　　　　　　　　　圖215

第五十劍　撥草尋蛇

191.掤圈反提

左手劍以劍鋒引導向前、向左、向後、向右而回到身前將

劍豎直。同時，右訣指與劍所走的方向相反，也畫了半個圓圈至身前，握著左手原來握著的劍柄處；左手卻移到靠近。劍墩處握著劍柄。這時，兩手握劍向上提起，至劍鐔朝天，高與胸窩相平為度，劍鋒朝地面。與此同時，右腳往後退一大步落實。屈膝略蹲，左腳收回靠近右腳，腳尖虛沾地面，兩腳形成虛步式，體重在右腿。眼神注視前下方（圖216、圖217）。

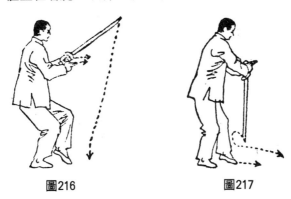

圖216　　　　　　　　圖217

【用法】

對方以械擊我前腿，我即將左腿收回，並以劍格擊敵臂、腕部。

192.虛步提纏

兩手握劍由胸前、向右、向前、向左再回到胸前。步法仍成虛步式，體重仍在右腿。眼神先隨劍鋒的移動而移動，最後注視前下方（圖217）。

【用法】

對方以械擊我左腿後復擊我右腿，我即以劍畫一圓圈格開敵械，再看勢還擊。

193.墊步點刺

左腳向前邁進半步，仍以前腳掌著地，體重仍在右腿。兩手握劍提起向下直臂刺出，使劍鋒接近地面，劍刃朝天地。眼神注視劍鋒（圖218）。

【用法】

對方以械擊我腿部，我即以劍格開敵械，同時墊步以劍鋒刺敵足三里、解谿穴。

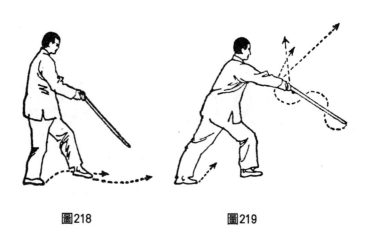

圖218　　　　　　　　圖219

194.弓步崩點

左腳向前進半步。隨之，右腳向前進一大步，屈膝前拱，左腿在後伸直，兩腳形成右弓式。同時，兩手握劍向上微提之後，立即向前直臂往下送出。眼神注視劍鋒（圖219）。

【用法】

對方以械擊我左腿，我即以劍鍔格開敵械，並進步以劍鋒點刺敵解谿穴。

195.掤圈反提

　　左手鬆把捏好訣指，與右手劍同時，兩手微向前上方掤出。之後，再向左右分開，走弧線向後撤回到身前靠近胸、腹部時，左手復握劍柄，兩手握劍，使劍鐔朝天與胸窩同高，劍鋒朝下向地面。同時，左腳起向前方微移動，再向後退一大步，隨即屈膝略蹲；將右腳收回落於左腿前方，腳尖虛沾地面，體重在左腿。眼神注視劍鋒（圖220）。

【用法】

　　對方以械擊我右腿時，我即以劍格開敵械，並待機發招。

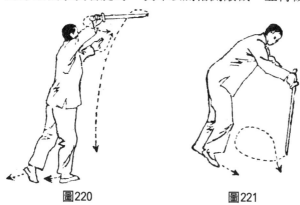

圖220　　　　　　　　圖221

196.虛步提纏

　　兩手握劍由胸向左、向前、向右，再回到胸前；兩腳仍成虛步，體重仍在左腿。眼神先隨劍鋒的移動而移動，最後注視前下方（圖221）。

【用法】

　　對方以械不時變化地擊我左腿或右腿，我即以劍畫一圓圈格開敵械，再看勢還擊。

197. 墊步點刺

　　右腳向前邁進半步，腳前掌著地。體重仍在左腿。同時，兩手握劍向前提起往下方直臂刺出，使劍鋒接近地面。眼神注視劍鋒（圖222）。

　　【用法】

　　對方以械擊我腿部，我即以劍格開敵械，墊步以劍鋒刺敵足三里或解谿穴。

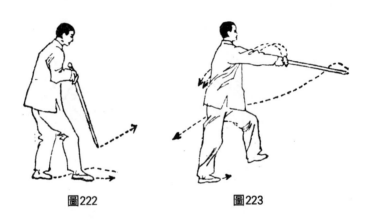

圖222　　　　　　　　　　　圖223

198. 弓步崩點

　　右腳向前邁進半步。隨之，左腳向前越過右腳向前進一步，屈膝前拱，右腿在後伸直，兩腳成左弓式，體重在左腿。同時，兩手握劍向上微提，立即向前直臂往下送出，劍鋒接近地面，眼神注視劍鋒（圖223）。

　　【用法】

　　對方以械擊我右腿，我即以劍鍔格開敵械，並進步以劍鋒點刺敵解谿穴。

第五十一劍　蒼龍攪尾

199.回顧尾閭

　　兩手握劍，以劍鋒引導由前向後，從身體左側走弧線，至劍鋒靠近右腳跟為度。同時，上體隨著劍的移動而向左扭轉。左腿仍屈膝前拱，右腿在後伸直，兩腳形成左弓式，體重在左腿。眼神始終不離劍鋒（圖224）。

　　【用法】

　　對方以械擊我左腿，我即以劍黏住其械，並順勢往外，往後格帶而使其脫把。

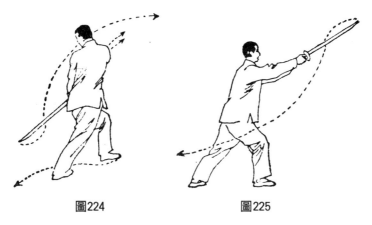

圖224　　　　　　　　　　圖225

200.撤步攪擊

　　兩手握劍從身後往上、往前直臂送出，下落至劍高與頭頂相平，劍刀朝天地。當劍向前上方移動的同時，左腳向後撤一大步，使腳落平，腿部伸直，右腿在前屈膝前拱，兩腳形成右

弓式，體重在右腿。眼神由視劍鋒轉視正前方（圖225）。

【用法】

對方以械擊我頭部，我即借撤步之勁。以劍向前迎擊劈敵頭、肩、臂等部。

201.回顧尾閭

兩手握劍，由劍鋒引導由前向後從身體右側走弧形線至劍鋒靠近左腳腳跟。同時，隨著劍的移動向右轉身。右腿屈膝前拱，左腿伸直，兩腳成右弓式，體重在右腿。眼神始終不離劍鋒（圖226）。

【用法】

對方以械擊我右腿，我即以劍黏住敵械，順勢往外、往後格帶，使敵械脫把落地。

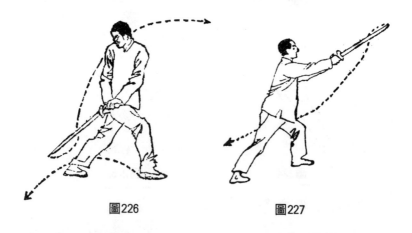

圖226　　　　　　　圖227

202.撤步攬擊

兩手握劍從身後往前、往上直臂送出，向前下落至劍高與

頭頂相平，劍刃朝天地。在劍向前移動的同時，右腳由前往後撤一大步，腳落平後，腿部伸直；左腿屈膝前拱，與後腿形成左弓式，體重在左腿。眼神由劍鋒轉視正前方（正東）（圖227）。

【用法】

對方以械擊我頭部，我即撤步，借其往後退步的返勁，以劍向前迎擊，劈敵頭、肩、臂等部。

203. 回顧尾閭

兩手握劍，以劍鋒引導由前向後經身體左側走弧形線，至劍鋒靠近右腳腳跟。同時，上體隨著劍的轉動向左扭轉。左腳膝蓋前拱，右腿在後伸直，兩腳形成左弓式，體重在左腳，眼神注視劍鋒（圖228）。

【用法】

對方以械擊我左腿，我即以劍黏住敵械，順勢往外、往後格帶使敵械脫把。

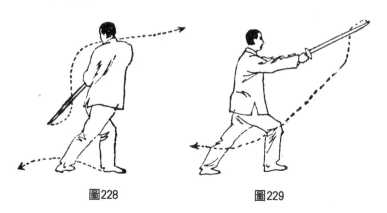

圖228　　　　　　　圖229

204.撤步攬擊

　　兩手握劍，從身後往上、往前直臂送出，至身前往下落，至劍高與頭頂相平，劍刃朝天地。在劍向前移動的同時，左腳由前往後撤一大步，腳落平後，腿部伸直，右腿在前屈膝前拱，兩腳形成右弓式，體重在右腿。眼神由視劍鋒轉視正前方（圖229）。

　　【用法】

　　對方以械擊我頭部，我即往後撤一步，借退步的返勁，將劍攬起來向前迎擊，劈敵頭、肩、臂等部。

205.回顧尾閭

　　兩手握劍，以劍鋒引導由身前走弧線，經身右側至身後，使劍鋒接近左腳腳跟。同時，上體隨著劍的移動向右扭轉。右腿仍屈膝前拱，左腳在後伸直，兩腳形成右弓式，體重在右腿。眼神始終不離劍鋒（230）。

　　【用法】

　　對方以械擊我右腿，我即以劍黏住敵械，順勢往外、往後格帶，使敵械脫把。

206.撤步攬擊

　　兩手握劍，從身後往上、往前直臂送出至身前，往下落至劍高與頭頂相平，劍刃朝天地。在劍向前移動的同時，右腳往後撤一大步，腳落平後，腿部伸直；左腳仍屈膝前拱，兩腳形成左弓式，體重在左腿。眼神由視劍鋒轉視正前方（圖231）。

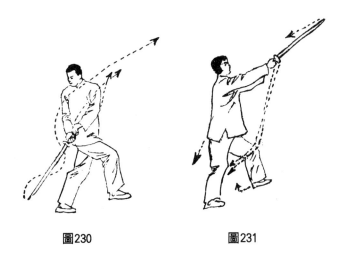

圖230　　　　　　　　　圖231

【用法】

對方以械擊我頭部，我即往後撤一步，借退步的返勁，將劍攪起來向前迎擊，劈敵頭、肩、臂等部。

第五十二劍　白蛇吐信

207．坐步縮鋒

右膝鬆力，往後坐身，體重於右腿，左腿舒直，腿跟著地，腳尖揚起。同時，兩手握劍，鬆肩墜肘，使劍向後，向下沉落至劍鐔與右膝蓋相觸為度，劍鋒斜向前方。眼神注視劍鋒（圖232）。

【用法】

對方以械擊我前胸，我急縮身後退，並以劍鋒向前上方迎擊敵手腕。

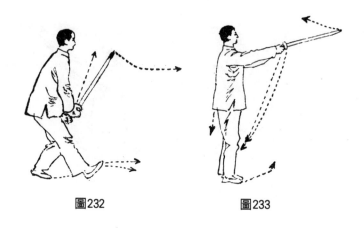

圖232　　　　　　　圖233

208.鋼鋒上伸

左腳向前先進半步,再進大半步;右腳向前跟進一步,腳尖落在左腳跟右側,虛著地面。兩腿均挺直立起,體重在左腿。同時,兩手握劍直臂向前送出,至劍鋒略超過頭頂為度。眼神注視劍鋒(圖233)。

【用法】

對方以械擊我前胸落空而抽械欲逃,我即以劍鋒順勢上刺敵頭面或咽喉。

209.坐步縮鋒

左膝鬆力,屈膝略蹲;右腿向前伸出,右腳腳跟虛著地面,腳尖揚起,體重在左腿。同時,兩手握劍,鬆肩墜肘,使劍鐔向後、向下沉落,至與左腳相觸為度,劍鋒向前上方。眼神注視劍鋒(圖234)。

【用法】

對方以械擊我前胸時,我即以劍鋒迎擊敵手腕。

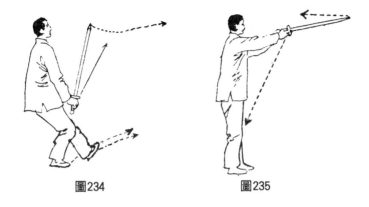

圖234　　　　　　　　　　　圖235

210.信息平吐

右腳先向前進半步，再進大半步；左腳向前跟進一步，使腳尖落到右腳跟左側，虛著地面。兩腿均挺直立起，體重在右腿。同時，兩手握劍直臂向前平送出，使劍鋒不可高過肩或低於肩部。眼神注視劍鋒（圖235）。

【用法】

對方以械擊我身體中部而落空欲逃，我即以劍鋒順勢直刺敵前胸。

211.坐步縮鋒

右腳鬆力，屈膝略蹲；左腳伸直向前，左腳腳跟著地，腳尖揚起，體重仍在右腿。同時，兩手握劍，鬆肩墜肘，屈臂使劍鐔向後、向下沉落至與右腳相觸為度。劍鋒斜向前上方。眼神注視劍鋒（圖236）。

【用法】

對方以械擊我前胸，我即坐身收腹，以劍鍔格開敵械，同時以劍鋒迎擊敵手腕。

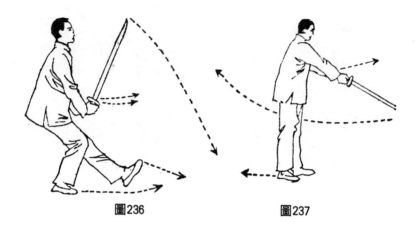

圖236　　　　　　圖237

212.鋒刺解谿

左腳向前先進半步；右腳向前跟進一步，腳尖落在左腳跟右側，虛著地面。兩腳均挺直立起，體重在左腿。同時，兩手握劍直臂往下送出，至劍鋒接近地面。眼神注視劍鋒（圖237）。

【用法】

對方以械擊我身體上部而落空欲逃，我即以劍鋒點刺敵解谿穴。

第五十三劍　雲照巫山

213.回身上掃

右腳向後方（正西）撤一步，腳尖先著地，然後腳尖虛懸後轉，使腳尖向西落實。隨之，屈膝前拱，左腿在後伸直，兩腳形成右弓式，體重在右腿。在右腳後撤同時，兩手握劍微向

前送出。隨即向右轉身，兩手也向前後分開。右手劍手心朝下
，由前（正東）向右、向後走上弧形至臂直，劍鋒指向西北斜
上角；左訣指朝東南斜下方伸出至臂直為度。眼神始終不離劍
鋒（圖238）。

【用法】

　　對方以械從身後擊我後腦，我即向後轉身，並以劍攔掃敵
臂腕。

圖238

214. 磨身鋒旋

　　右手劍手心翻轉向上，直臂向前送出；左訣指從身後移至
身前扶於右脈門處。相觸之後，兩手手心均朝上，立即又分向
身體兩側，隨同身體的轉動，使劍鋒由西北向右轉動約270度
（即劍鋒轉向西南）；左訣指臂微屈指向東北。同時，左腳向
前進一大步，腳尖裡扣；右腳腳跟隨著身體的右轉而轉向後，
腳尖朝東偏北。兩膝內側相貼，體重移至左腿。眼神仍視劍鋒
（圖239、圖240）。

【用法】

　　對方以械擊我頭部，我即以劍隨同身體的轉動而迎截斬擊

敵臂、腕等部。

圖239　　　　　　　　圖240

第五十四劍　李廣射石

215.提膝藏鋒

右手劍與左訣指同時鬆肩墜肘，屈臂靠近前胸；左訣指指向右手脈門。同時，提起右腳而垂懸不落，並以右膝蓋與左肘尖相接觸為度；左腿支撐體重。眼神注視劍鋒（圖241）。

【用法】

對方以械擊我右腿，我即將右腳提起避開敵械，並以劍鋒斜刺敵頭部太陽穴。

216.握弓鏃矢

右手劍腕部鬆力，臂內旋劍鋒從右向左畫一小圈。之後，將劍從右方撤回，至右手手背與右耳相對。劍鋒朝前（正南），劍鐔朝後（正北），右手手心向右，虎口朝前下方；左訣指

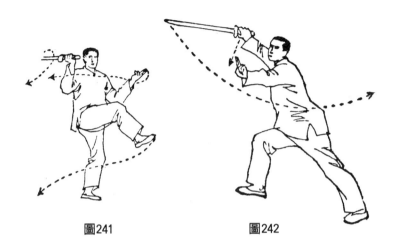

圖241　　　　　　　　　圖242

向前，手心朝下，虎口向右。同時，右腳朝右前方落進一步，
隨即屈膝前拱，左腿在後伸直，兩腳形成右弓式，體重移於右
腿。眼神注視劍鋒（圖242）。

【用法】

　對方以械擊我右手腕，我即臂內旋使劍鋒畫一小圈，挑割
敵持械手腕。

第五十五劍　抱月式

217.弓步圈刺

　右手劍以劍鋒向左前方（東南）直臂送出，使劍鋒高度和
頭頂相平；左訣指扶於右脈門處。同時，右腳屈膝前拱，左腿
在後伸直，兩腳形成仆步式，體重仍在右腿。眼神注神劍鋒
（圖243）。

【用法】

對方以械擊我頭部，我即將身體微向右移，並以劍鋒斜刺敵頭部太陽穴。

圖243

218.後掤攔腰

右手劍手心向下，以劍鋒引導由前向左、向後，至頭頂後上方時，翻轉手腕使手心向上，再由後往右、往前、往左運轉至胸前，形成一平面大花；左訣指在劍運行的同時，向相反方向畫一大圈，之後，仍靠近右手腕。兩手手心均朝上。與此同時，左腿鬆力，屈膝略蹲，收右腳虛落在左腳前方，使兩膝內側相貼，體重移至左腿。眼神注視劍鋒（圖244、圖245）。

【用法】

對方以械擊我頭部，我即以劍鍔黏住敵械而順勢向後格帶，再將劍折回向前攔擊斬敵腰部。

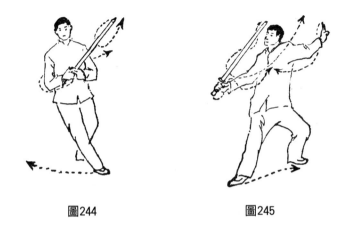

圖244　　　　　　　　圖245

第五十六劍　單鞭式

219.退步左攔

　　右手劍從右向左直臂送出，使劍高與肩相平，劍鍔朝天地；左訣指仍扶於右脈門處。同時，左腿仍屈膝不動；右腳向右後方（正西）橫開一步，形成鋪步式，體重仍在左腿。眼神注視劍鋒（圖246）。

【用法】

　　對方以械擊我前胸，我即向左微轉身形，並以劍橫攔敵腰。

220.轉身回掃

　　左訣指向左微移；右手由左往右平移，至劍鋒指向正西方。左訣指與右手劍成180度的直線，兩手手心均朝上。同時，右膝鬆力，屈膝略蹲；左腿舒直，使兩腳從左鋪步式變為右鋪

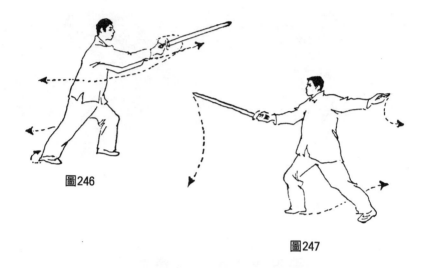

圖246

圖247

步式。體重移至右腿。眼神注視劍鋒（圖247）。

　　【用法】

　　對方以械擊我前胸，我即側身閃過，並以劍橫掃敵腰。

第五十七劍　烏龍擺尾

221.探刺三里

　　右手劍臂內旋，將劍鋒由上向右前（西北）下方直臂送出
，至劍鋒接近地面為度；左訣指同時直臂向左後（東南）上方
指出。同時，右腳仍屈膝略蹲；左腿伸直，左腳腳跟往外微開
，兩腳形成右弓式，體重在右腿，眼神注視劍鋒（圖248）。

　　【用法】

　　對方以械擊我右臂、腕，我即以劍鋒探刺敵足三里穴。

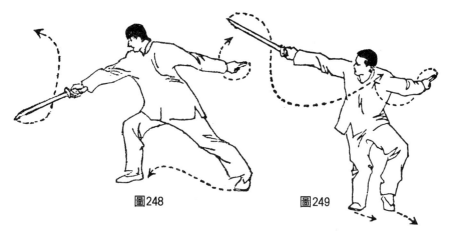

圖248　　　　　　　　圖249

222.燕翅撩腕

　　右手劍與左訣指同時作臂內旋，使劍向身體後上方直臂送出。左訣指朝身體左下方指向地面。兩手虎口均朝下，兩手心均朝後上方。同時，左腳由左向右移至右腳旁，兩膝微屈略蹲，左腳腳尖虛著地面，體重在右腿。眼神注視劍鋒（圖249）。

【用法】

　　對方以械擊我頭部，我即往下蹲身避開敵械，並以劍反撩敵臂腕。

第五十八劍　鷂子穿林

223.虛步抱劍

　　左腳向左前方（東南）邁進一步。隨之，屈膝略蹲，右腳同時跟進一步落在左腳右側，右腳腳尖虛沾地面，體重移至左

腿。同時，右手劍臂外旋，鬆肩、墜肘、屈臂將劍撤到胸前，
再往上高舉使手心和左耳前後相對，劍身要平，劍鋒向西，劍
鐔朝東；左訣指置於劍鐔後。眼神注視劍鋒（圖250）。

【用法】

對方以械直向我頭部擊來，我即以劍抹擊敵臂、腕。

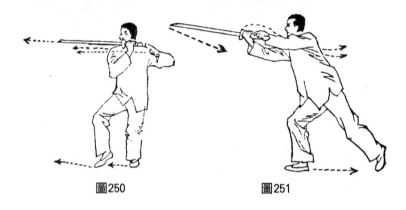

圖250　　　　　　　　圖251

224.墊步穿刺

右腳向前方（正西）邁進一步，左腳隨著跟併一步，體重
移至右腿。同時，右手劍與左訣指仍保持前式姿態不變，隨身
體的移動直臂將劍送出，保持劍身成水平。眼神順著劍鋒向前
平遠視（圖251）。

【用法】

對方以械擊我落空而抽械欲逃，我即以劍順勢向前刺敵肩
窩或前胸。

225.退避藏鋒

左腳往後（正東）撤一大步，右腳也隨著收回到左腳旁，

腳尖虛沾地面，體重移至左腿。同時，右手劍鬆肩、墜肘，右手心和左耳前後對正；左訣指始終不離劍鐔之後方。眼神注視劍鋒（圖252）。

【用法】

對方以械擊我臂、腕，我即撤步後退避開其械，並以劍趁勢帶擊敵臂、腕。

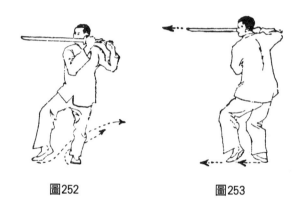

圖252　　　　　　　　圖253

226. 外掛上掤

右腳朝右後方（東北）撤一大步，左腳也同時收回和右腳靠攏，腳尖虛沾地面；右腳微屈略蹲，體重移至右腿。同時，右手劍先朝右後下方撤回，之後再往上方提舉，至右手手背與鼻尖前後對正為度。劍身成水平，劍鋒朝西，劍鐔朝東；左訣指始終不離右脈門處。眼神注視劍鋒（圖253）。

【用法】

對方以械擊我右腿，我即退步沉劍下格避之；敵復擊我頭部，我即提劍格擊敵臂、腕。

227．飛身前刺

左腳蹬地，使身體自動向前方（正西）邁進一大步。隨之，屈膝略蹲；右腳同時跟進一步落到左腳旁，腳尖虛實地面，體重在左腿。同時，右手劍保持上動姿態不變，直臂向前送出；左訣指始終不離右脈門處。眼神注視劍鋒（圖254）。

【用法】

對方以械擊我落空而欲抽械換式，我即乘機前進以劍直刺敵目。

228．避銳柔鋒

左腳蹬地，使身體自動向後退卻一步，右腳先著地，左腳緊跟落到右腳旁，腳尖虛沾地面，兩膝微屈略蹲，體重寄於右腿。同時，右手劍屈臂往後上方微提，使右手背靠近右額角。劍身仍保持水平。劍鋒向左，劍鐔向右。左訣指不離右脈門處。眼神注視劍鋒（圖255）。

【用法】

對方以械擊我右臂、腕，我即抽身退步，並屈臂往後上方以劍橫格帶擊敵臂、腕。

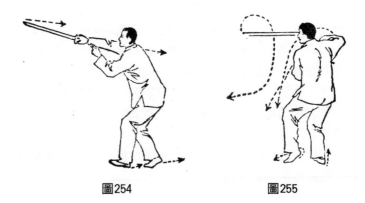

圖254　　　　　圖255

第五十九劍 進步中刺

229.蓋步穿刺

右手劍以劍鋒引導，從右向左前下方直臂送出。之後，鬆肩墜肘，使手臂貼近左膝蓋，劍身成水平，劍鋒朝西，劍鐔朝東；左訣指仍扶右脈門處。同時，左腳向左前方邁進一步，腳跟先著地，腳尖外擺向南落平。隨之，屈膝略蹲；右腿也屈膝向前以膝蓋抵住左腿膕窩，腳跟揚起，腳尖著地，兩腳形成蓋步（歇步），體重在左腿。眼神順劍鋒所指方向向前平視（圖256）。

【用法】

對方以械擊我身體下部，我即以劍截刺敵臂、腕。

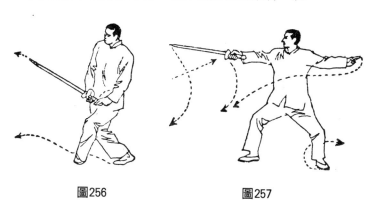

圖256　　　　　　　圖257

230.半馬直刺

右腳向前方（正西）直刺一步，以右膝蓋前拱、不越過踝

骨為度；左腿仍屈膝前拱，兩腳形成半馬襠步，體重仍在左腿。同時，右手劍直臂送出；左訣指成反方向直臂往後（正東）伸展。眼神注視劍鋒（圖257）。

【用法】

對方以械擊我落空而變換招式，我即趁勢前進以劍直刺敵前胸或肋間。

第六十劍　農夫著鋤

231.伏身沉劍

右手劍手心轉向下，由右向左沉落到左膝前時，再往右膝前方移動至劍身與右膝相平為度；左訣指仍扶於右脈門處。同時，右腳向右方後方（東北）撤一大步。兩手持劍隨身向右後方轉至面朝北，右膝微屈前拱，左腿在後伸直，兩腳形成右弓式，體重在右腿。眼神始終不離劍鋒（圖258、圖259）。

【用法】

對方以械擊我腿部，我即退步並以劍攔擊敵腿部。

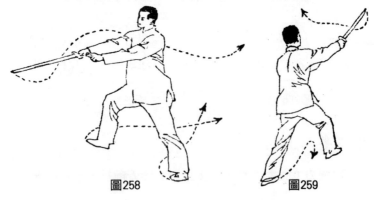

圖258　　　　　　　圖259

232.挑旗聽風

右手劍以劍鋒引導，向上方移直臂上伸；左訣指屈臂以指尖指向劍鐔。同時，右腳直立支撐體重；左腳屈膝提起垂懸不落。眼神朝左前方（正西）平遠視（圖260）。

圖260

【用法】

對方以械擊我前胸，我即以劍挑擊敵身或格擊敵臂、腕。

233.回鉤前劈

右手劍以劍鋒引導，由上向左、向下、向後折回反向上、向前（正西）直臂送出，劍高與頭平；左訣指仍扶右脈門處。同時，左腳向左前方落進一步，腳尖外擺，腿直立（此時劍往回鉤），繼之右腳向前邁進一步，隨即屈膝前拱，左腿在後伸直，兩腳形成右弓式，體重在右腿。眼神注視劍鋒（圖261、圖262）。

【用法】

對方以械擊我下部，我先以劍往回鉤掛格開敵械，再揮劍向前劈敵頭部。

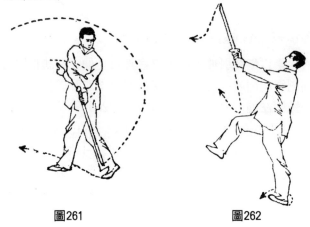

圖261　　　　　　　　圖262

234.半馬前刺

　　左膝鬆力,往後坐身,以左膝與左腳尖成上下垂直;右膝與右腳踝骨成垂直。兩腳形成半馬襠步,體重在後腳占70%力量,前腳占30%力量。同時,右手劍屈臂向後、向下沉落,至手背靠近右膝內側相觸後,再往前直臂送出。使劍高與肋相平;左訣指隨劍前進的同時,往後直臂伸展;兩手虎口朝天。眼神順劍鋒所指方向往前平遠視(圖263、圖264)。

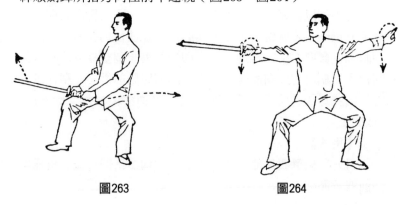

圖263　　　　　　　　圖264

【用法】

對方以械擊我前胸，我先以劍黏住敵械往回一帶，再以劍直刺敵胸、肋等部。

第六十一劍　鈎掛帶回

235.馬襠鑄釺

兩腿直立，長身，兩臂內旋，左訣指下指；右手劍以劍鋒引導，由前向下，向左往上直立，使劍靠近身體左前方，右手心向裡，劍鋒朝天，劍鐔朝地；左訣指仍扶於右脈門處。同時，右腳尖裡扣，兩膝微屈略蹲，形成蹲襠騎馬式，體重平均在兩腿。眼神注視劍鋒（圖265、圖266）。

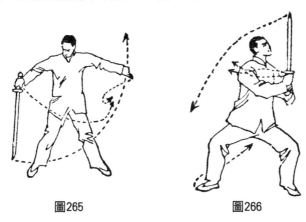

圖265　　　　　　　　　圖266

【用法】

方以械擊我右腿，我即以劍向下豎直格開敵械，再揚起劍鋒刺敵下部。

236.提膝外掛

右腳蹬地，屈膝提起而垂懸不落，左腳單腿支撐體重。同時，右手劍以劍鋒引導，由上向右、向下、使劍身靠近右腿右側。劍鐔朝天，劍鋒朝地，上下垂直。左訣指不離右脈門處。眼神注視劍鋒（圖267）。

【用法】

對方以械擊我右肩，我右腳蹬地起身並以劍鍔向外提掛，化開敵械再趁勢進攻。

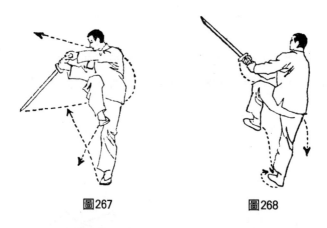

圖267　　　　　　　　圖268

237.搖臂劈頂

右手劍以劍鋒引導，由下向後經身體右側，再屈臂翻腕將劍由下反向上、向前往身前下落，落到和頭頂相平為度；左訣指的運轉動作和劍的運行動作相同，只是在身體兩側運轉不同而已。最後，左訣指仍扶右脈門處。與此同時，右腳向右前方落進一步，即以此單腿支撐體重；左腳隨之屈膝抬起而垂懸不落。眼神注視劍鋒前方（圖268）。

【用法】

對方以械擊我腿部，我即越步避開，並以劍絞劈敵頭部。

238.轉身入海

右手劍和左訣指仍不分離，以劍鐔引導朝右腳跟方向沉落，最後落至左腳外側旁。同時，右腳以前腳掌作軸使身體由面西轉向面東；左腳落到右腳旁，形成並步式。上體下蹲，體重寄於左腿。眼神窺視劍鋒（此時，劍身斜置身體左前方，劍鋒朝西北斜上方，劍鐔朝東南斜下方）（圖269）。

【用法】

對方以械擊我頭部，我即轉身下蹲避開敵械，並趁敵身前傾之際，以劍鋒向身後倒刺敵身。

圖269

第六十二劍　托樑換柱

239.提膝揚鐔

　　右手劍交於左手之後，捏好劍訣；左手接過劍握好之後，使劍鐔向上揚舉，超過頭頂；右訣指直臂下伸。同時，左腳蹬地，上體直立，單腿支撐體重；右腳隨之屈膝提起而垂懸不落。眼神平視前方（正東）（圖270）。

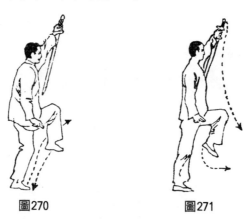

圖270　　　　　　　　圖271

【用法】

　　對方以械擊我頭部，我即以劍鐔上揚，迎擊敵臂、腕等。

240.換步舉鼎

　　右腳垂直下落，落地同時提起左腳垂懸不落，更換右腿支撐體重。同時，左手劍繼續上舉；右訣指以向下沉勁來托左膝上頂勁。眼神仍視前方（圖271）。

【用法】

對方以械掃擊我實腿，我即先更換步法，避開敵械，然後，以劍戳擊敵腋下或下額等部。

第六十三劍　金針指南

241.劍鐔墜落

右訣指屈臂上舉，使右手虎口靠右耳孔；左手劍由上朝左前方（東北）向下墜落，落至左膝外側前上方。左手手心朝外，虎口朝後下方，劍鐔朝東北斜下方，劍鋒朝西斜上方。同時，右腿屈膝下蹲，左腿舒直，腳跟著地，腳尖翹起，兩腳形成右坐步式，體重在右腿。眼神注視劍鐔（圖272）。

【用法】

對方以械擊我右腿，我即以劍鐔往外格開敵械，並待機發招進攻。

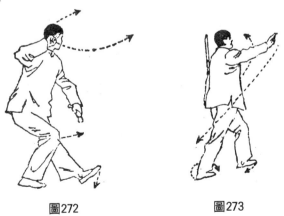

圖272　　　　　　圖273

242.弓步探臂

左腳逐漸落實，隨即屈膝前拱，右腿在後伸直，兩腳形成左弓式，體重在左腿。同時，右訣指朝左前方（東北）直臂伸展；左手劍以劍鐔直臂往下沉墜，使手背貼近左胯外側。眼神注視訣指的前方（圖273）。

【用法】

對方以械擊我身體下部，我即以劍鐔向下往外格開敵械。同時，進步欺身並以訣指戳點敵腋下神經。

243.回身橫撥

右訣指由左前方往右後方移動，至身體右側前下方，手心朝下，指尖朝前；左手劍鬆肩墜肘，屈臂上舉使劍鐔前朝上方，劍鋒朝後下方，手心朝外上方，虎口靠近耳孔。同時，左腳腳尖裡扣；隨即屈膝略蹲，右腳跟虛懸後轉，之後，即以腳跟著地，腳尖翹起，兩腳形成坐步式，體重在左腿。眼神注視訣指（圖274）。

圖274

圖275

【用法】

對方以械從身後擊我腰部，我即速轉身體朝向對方，以訣指橫撥敵臂，或以訣指戳點敵肋。

244. 弓步鐔擊

右腿逐漸落實，隨即屈膝前拱；右腳在後伸直，兩腳形成右弓式，體重在右腿。同時，左手劍以劍鐔向右前方（西南）平送出，至劍高與肩相平，使手心朝外上方，虎口朝下；使劍鍔緊貼小臂內側，劍刃朝天地，劍鐔朝右前上方，劍鋒朝左下方，右訣指指尖朝前，手心朝下，使右臂微屈自然下垂，靠右胯外側，眼神注視劍鐔前方（圖275）。

【用法】

對方以械擊我腹部，我即以訣指趁敵來勢而相應格開其持械手臂；再進步欺身，以劍鐔戳點敵腋下神經。

第六十四劍　併步歸原

245. 四肢集中

右腳不動，左腳向前邁進一步與右腳靠攏形成併步，體重仍在右腿，同時，左訣指向右腳大趾位置集中；左手劍以劍鐔引導也向右腳大趾上沉落。此時，兩手、兩腳聚集一點，產生出一個整勁。眼神注視身體前下方（圖276）。

【用法】

對方以械擊我上部，我即以劍鐔和訣指連同步法匯集成一個整勁，朝敵下部進攻。

圖276

246．訣指上掤

　　左手反握劍柄，使手背緊貼左胯外側，直臂下垂，劍刃向
前後，劍鋒朝天，劍鐔朝地；右訣指手心向外以指甲沿劍鍔外
側由下向上掤起，呈左眉梢時手心翻轉朝天，繼續向上、向左
移動，至與右眉梢成上下垂直，再直臂上托。同時，兩腳仍靠
攏成併步，兩腿內側貼緊直立。眼神注視左前方（東南）（圖
277、圖278）。

圖277

圖278

【用法】

對方以械擊我上部，我即伏身前進，欺身黏住敵持械手臂，以訣指戳點敵腋下神經或其它穴道。

247.右臂右伸

兩眼從左前方轉而向前、向右平遠視，同時，右訣指也由上向右、向下落至身體右方直臂伸展，高與肩平；左手劍形式不變，只將劍鐔在原位置加一點下沉勁；兩腳重心再移到右腳上。單腿支撐體重（圖279）。

圖179

【用法】

對方以械擊我前胸，我即以訣指黏住敵持械臂膀，隨著轉身的勁，將敵往上、往外甩出。

248.右訣下垂

兩眼從右向左前方（東南）平遠視。左手劍仍保持原勢不變；右訣指在眼神移動的同時，自然下垂落至手腕靠近右胯旁，手心向下，指尖朝前。兩腳仍保持併步姿態，而將體重換到

左眼上，但在外形上不顯為要。

圖280

【用法】

　　對方以械擊我前胸，我即轉身形，用身體右側緊貼敵持械臂內側，隨即右臂下落緊貼其臂膀外側。然後，變換重心，將敵扭摔出去。

歸原式

249.收劍入匣

　　左手仍反握寶劍，從左胯旁往身體前方提起，使劍鐔對正膻中穴，劍鋒斜向身體左右下方；右訣指變掌也反握劍柄與左手手心相互斜對。兩臂同時鬆肩墜肘，形成屈臂持劍還原，以作收劍入匣式。此時，兩腳由併步向前開步走，回到原來位置（此式雖是最後一個收式動作，也可將它作為一個開式動作）（圖281）。

圖281

大展出版社有限公司　圖書目錄

地址：台北市北投區11204
　　　致遠一路二段12巷1號
郵撥：0166955～1

電話：(02)8236031
　　　　8236033
傳眞：(02)8272069

• 法律專欄連載 • 電腦編號 58

台大法學院　法律學系／策劃
　　　　　　法律服務社／編著

①別讓您的權利睡著了①		200元
②別讓您的權利睡著了②		200元

• 秘傳占卜系列 • 電腦編號 14

①手相術	淺野八郎著	150元
②人相術	淺野八郎著	150元
③西洋占星術	淺野八郎著	150元
④中國神奇占卜	淺野八郎著	150元
⑤夢判斷	淺野八郎著	150元
⑥前世、來世占卜	淺野八郎著	150元
⑦法國式血型學	淺野八郎著	150元
⑧靈感、符咒學	淺野八郎著	150元
⑨紙牌占卜學	淺野八郎著	150元
⑩ＥＳＰ超能力占卜	淺野八郎著	150元
⑪猶太數的秘術	淺野八郎著	150元
⑫新心理測驗	淺野八郎著	160元
⑬塔羅牌預言秘法	淺野八郎著	200元

• 趣味心理講座 • 電腦編號 15

①性格測驗1	探索男與女	淺野八郎著	140元
②性格測驗2	透視人心奧秘	淺野八郎著	140元
③性格測驗3	發現陌生的自己	淺野八郎著	140元
④性格測驗4	發現你的真面目	淺野八郎著	140元
⑤性格測驗5	讓你們吃驚	淺野八郎著	140元
⑥性格測驗6	洞穿心理盲點	淺野八郎著	140元
⑦性格測驗7	探索對方心理	淺野八郎著	140元
⑧性格測驗8	由吃認識自己	淺野八郎著	140元

⑨性格測驗9	戀愛知多少	淺野八郎著	160元
⑩性格測驗10	由裝扮瞭解人心	淺野八郎著	160元
⑪性格測驗11	敲開內心玄機	淺野八郎著	140元
⑫性格測驗12	透視你的未來	淺野八郎著	140元
⑬血型與你的一生		淺野八郎著	160元
⑭趣味推理遊戲		淺野八郎著	160元
⑮行為語言解析		淺野八郎著	160元

・婦 幼 天 地・ 電腦編號 16

①八萬人減肥成果	黃靜香譯	180元
②三分鐘減肥體操	楊鴻儒譯	150元
③窈窕淑女美髮秘訣	柯素娥譯	130元
④使妳更迷人	成 玉譯	130元
⑤女性的更年期	官舒妍編譯	160元
⑥胎內育兒法	李玉瓊編譯	150元
⑦早產兒袋鼠式護理	唐岱蘭譯	200元
⑧初次懷孕與生產	婦幼天地編譯組	180元
⑨初次育兒12個月	婦幼天地編譯組	180元
⑩斷乳食與幼兒食	婦幼天地編譯組	180元
⑪培養幼兒能力與性向	婦幼天地編譯組	180元
⑫培養幼兒創造力的玩具與遊戲	婦幼天地編譯組	180元
⑬幼兒的症狀與疾病	婦幼天地編譯組	180元
⑭腿部苗條健美法	婦幼天地編譯組	180元
⑮女性腰痛別忽視	婦幼天地編譯組	150元
⑯舒展身心體操術	李玉瓊編譯	130元
⑰三分鐘臉部體操	趙薇妮著	160元
⑱生動的笑容表情術	趙薇妮著	160元
⑲心曠神怡減肥法	川津祐介著	130元
⑳內衣使妳更美麗	陳玄茹譯	130元
㉑瑜伽美姿美容	黃靜香編著	150元
㉒高雅女性裝扮學	陳珮玲譯	180元
㉓蠶糞肌膚美顏法	坂梨秀子著	160元
㉔認識妳的身體	李玉瓊譯	160元
㉕產後恢復苗條體態	居理安・芙萊喬著	200元
㉖正確護髮美容法	山崎伊久江著	180元
㉗安琪拉美姿養生學	安琪拉蘭斯博瑞著	180元
㉘女體性醫學剖析	增田豐著	220元
㉙懷孕與生產剖析	岡部綾子著	180元
㉚斷奶後的健康育兒	東城百合子著	220元
㉛引出孩子幹勁的責罵藝術	多湖輝著	170元

・青 春 天 地・ 電腦編號 17

㉗趣味的科學魔術　　　　　林慶旺編譯　　150元
㉘趣味的心理實驗室　　　　李燕玲編譯　　150元
㉙愛與性心理測驗　　　　　小毛驢編譯　　130元
㉚刑案推理解謎　　　　　　小毛驢編譯　　130元
㉛偵探常識推理　　　　　　小毛驢編譯　　130元
㉜偵探常識解謎　　　　　　小毛驢編譯　　130元
㉝偵探推理遊戲　　　　　　小毛驢編譯　　130元
㉞趣味的超魔術　　　　　　廖玉山編著　　150元
㉟趣味的珍奇發明　　　　　柯素娥編著　　150元
㊱登山用具與技巧　　　　　陳瑞菊編著　　150元

・健 康 天 地・電腦編號 18

①壓力的預防與治療　　　　柯素娥編譯　　130元
②超科學氣的魔力　　　　　柯素娥編譯　　130元
③尿療法治病的神奇　　　　中尾良一著　　130元
④鐵證如山的尿療法奇蹟　　廖玉山譯　　　120元
⑤一日斷食健康法　　　　　葉慈容編譯　　150元
⑥胃部強健法　　　　　　　陳炳崑譯　　　120元
⑦癌症早期檢查法　　　　　廖松濤譯　　　160元
⑧老人痴呆症防止法　　　　柯素娥編譯　　130元
⑨松葉汁健康飲料　　　　　陳麗芬編譯　　130元
⑩揉肚臍健康法　　　　　　永井秋夫著　　150元
⑪過勞死、猝死的預防　　　卓秀貞編譯　　130元
⑫高血壓治療與飲食　　　　藤山順豐著　　150元
⑬老人看護指南　　　　　　柯素娥編譯　　150元
⑭美容外科淺談　　　　　　楊啟宏著　　　150元
⑮美容外科新境界　　　　　楊啟宏著　　　150元
⑯鹽是天然的醫生　　　　　西英司郎著　　140元
⑰年輕十歲不是夢　　　　　梁瑞麟譯　　　200元
⑱茶料理治百病　　　　　　桑野和民著　　180元
⑲綠茶治病寶典　　　　　　桑野和民著　　150元
⑳杜仲茶養顏減肥法　　　　西田博著　　　150元
㉑蜂膠驚人療效　　　　　　瀨長良三郎著　180元
㉒蜂膠治百病　　　　　　　瀨長良三郎著　180元
㉓醫藥與生活　　　　　　　鄭炳全著　　　180元
㉔鈣長生寶典　　　　　　　落合敏著　　　180元
㉕大蒜長生寶典　　　　　　木下繁太郎著　160元
㉖居家自我健康檢查　　　　石川恭三著　　160元
㉗永恒的健康人生　　　　　李秀鈴譯　　　200元
㉘大豆卵磷脂長生寶典　　　劉雪卿譯　　　150元

⑦肝臟病預防與治療　　　　　　劉名揚編著　180元
⑦腰痛平衡療法　　　　　　　　荒井政信著　180元
⑦根治多汗症、狐臭　　　　　　稻葉益巳著　220元
⑦40歲以後的骨質疏鬆症　　　　沈永嘉譯　180元
⑦認識中藥　　　　　　　　　　松下一成著　180元
⑦認識氣的科學　　　　　　　佐佐木茂美著　180元
⑦我戰勝了癌症　　　　　　　　安田伸著　180元
⑦斑點是身心的危險信號　　　　中野進著　180元
⑦艾波拉病毒大震撼　　　　　　玉川重德著　180元
⑦重新還我黑髮　　　　　　桑名隆一郎著　180元
⑧身體節律與健康　　　　　　　林博史著　180元
⑧生薑治萬病　　　　　　　　　石原結實著　180元

・實用女性學講座・電腦編號 19

①解讀女性內心世界　　　　　　島田一男著　150元
②塑造成熟的女性　　　　　　　島田一男著　150元
③女性整體裝扮學　　　　　　　黃靜香編著　180元
④女性應對禮儀　　　　　　　　黃靜香編著　180元
⑤女性婚前必修　　　　　　　　小野十傳著　200元
⑥徹底瞭解女人　　　　　　　　田口二州著　180元
⑦拆穿女性謊言88招　　　　　　島田一男著　200元
⑧解讀女人心　　　　　　　　　島田一男著　200元

・校　園　系　列・電腦編號 20

①讀書集中術　　　　　　　　　多湖輝著　150元
②應考的訣竅　　　　　　　　　多湖輝著　150元
③輕鬆讀書贏得聯考　　　　　　多湖輝著　150元
④讀書記憶秘訣　　　　　　　　多湖輝著　150元
⑤視力恢復！超速讀術　　　　　江錦雲譯　180元
⑥讀書36計　　　　　　　　　　黃柏松編著　180元
⑦驚人的速讀術　　　　　　　　鐘文訓編著　170元
⑧學生課業輔導良方　　　　　　多湖輝著　180元
⑨超速讀超記憶法　　　　　　　廖松濤編著　180元
⑩速算解題技巧　　　　　　　　宋釗宜編著　200元
⑪看圖學英文　　　　　　　　　陳炳崑編著　200元

・實用心理學講座・電腦編號 21

①拆穿欺騙伎倆　　　　　　　　多湖輝著　140元

②創造好構想　　　　　　　　多湖輝著　140元
③面對面心理術　　　　　　　多湖輝著　160元
④偽裝心理術　　　　　　　　多湖輝著　140元
⑤透視人性弱點　　　　　　　多湖輝著　140元
⑥自我表現術　　　　　　　　多湖輝著　180元
⑦不可思議的人性心理　　　　多湖輝著　150元
⑧催眠術入門　　　　　　　　多湖輝著　150元
⑨責罵部屬的藝術　　　　　　多湖輝著　150元
⑩精神力　　　　　　　　　　多湖輝著　150元
⑪厚黑說服術　　　　　　　　多湖輝著　150元
⑫集中力　　　　　　　　　　多湖輝著　150元
⑬構想力　　　　　　　　　　多湖輝著　150元
⑭深層心理術　　　　　　　　多湖輝著　160元
⑮深層語言術　　　　　　　　多湖輝著　160元
⑯深層說服術　　　　　　　　多湖輝著　180元
⑰掌握潛在心理　　　　　　　多湖輝著　160元
⑱洞悉心理陷阱　　　　　　　多湖輝著　180元
⑲解讀金錢心理　　　　　　　多湖輝著　180元
⑳拆穿語言圈套　　　　　　　多湖輝著　180元
㉑語言的內心玄機　　　　　　多湖輝著　180元

・超現實心理講座・ 電腦編號 22

①超意識覺醒法　　　　　　　詹蔚芬編譯　130元
②護摩秘法與人生　　　　　　劉名揚編譯　130元
③秘法！超級仙術入門　　　　陸　明譯　150元
④給地球人的訊息　　　　　　柯素娥編著　150元
⑤密教的神通力　　　　　　　劉名揚編著　130元
⑥神秘奇妙的世界　　　　　　平川陽一著　180元
⑦地球文明的超革命　　　　　吳秋嬌譯　200元
⑧力量石的秘密　　　　　　　吳秋嬌譯　180元
⑨超能力的靈異世界　　　　　馬小莉譯　200元
⑩逃離地球毀滅的命運　　　　吳秋嬌譯　200元
⑪宇宙與地球終結之謎　　　　南山宏著　200元
⑫驚世奇功揭秘　　　　　　　傅起鳳著　200元
⑬啟發身心潛力心象訓練法　　栗田昌裕著　180元
⑭仙道術遁甲法　　　　　　　高藤聰一郎著　220元
⑮神通力的秘密　　　　　　　中岡俊哉著　180元
⑯仙人成仙術　　　　　　　　高藤聰一郎著　200元
⑰仙道符咒氣功法　　　　　　高藤聰一郎著　220元
⑱仙道風水術尋龍法　　　　　高藤聰一郎著　200元

（7）

⑲仙道奇蹟超幻像　　　　　高藤聰一郎著　200元
⑳仙道鍊金術房中法　　　　高藤聰一郎著　200元
㉑奇蹟超醫療治癒難病　　　　深野一幸著　220元
㉒揭開月球的神秘力量　　　超科學研究會　180元
㉓西藏密敎奧義　　　　　　高藤聰一郎著　250元

・養 生 保 健・電腦編號 23

①醫療養生氣功　　　　　　　黃孝寬著　250元
②中國氣功圖譜　　　　　　　余功保著　230元
③少林醫療氣功精粹　　　　　井玉蘭著　250元
④龍形實用氣功　　　　　　吳大才等著　220元
⑤魚戲增視強身氣功　　　　　宮　嬰著　220元
⑥嚴新氣功　　　　　　　　前新培金著　250元
⑦道家玄牝氣功　　　　　　　張　章著　200元
⑧仙家秘傳祛病功　　　　　　李遠國著　160元
⑨少林十大健身功　　　　　　秦慶豐著　180元
⑩中國自控氣功　　　　　　　張明武著　250元
⑪醫療防癌氣功　　　　　　　黃孝寬著　250元
⑫醫療強身氣功　　　　　　　黃孝寬著　250元
⑬醫療點穴氣功　　　　　　　黃孝寬著　250元
⑭中國八卦如意功　　　　　　趙維漢著　180元
⑮正宗馬禮堂養氣功　　　　　馬禮堂著　420元
⑯秘傳道家筋經內丹功　　　　王慶餘著　280元
⑰三元開慧功　　　　　　　　辛桂林著　250元
⑱防癌治癌新氣功　　　　　　郭　林著　180元
⑲禪定與佛家氣功修煉　　　　劉天君著　200元
⑳顛倒之術　　　　　　　　　梅自強著　360元
㉑簡明氣功辭典　　　　　　　吳家駿編　360元
㉒八卦三合功　　　　　　　　張全亮著　230元
㉓朱砂掌健身養生功　　　　　楊　永著　250元
㉔抗老功　　　　　　　　　　陳九鶴著　230元

・社會人智嚢・電腦編號 24

①糾紛談判術　　　　　　　清水增三著　160元
②創造關鍵術　　　　　　　淺野八郎著　150元
③觀人術　　　　　　　　　淺野八郎著　180元
④應急詭辯術　　　　　　　廖英迪編著　160元
⑤天才家學習術　　　　　　木原武一著　160元
⑥猫型狗式鑑人術　　　　　淺野八郎著　180元

⑦逆轉運掌握術　　　　　　淺野八郎著　180元
⑧人際圓融術　　　　　　　澀谷昌三著　160元
⑨解讀人心術　　　　　　　淺野八郎著　180元
⑩與上司水乳交融術　　　　秋元隆司著　180元
⑪男女心態定律　　　　　　　小田晉著　180元
⑫幽默說話術　　　　　　　林振輝編著　200元
⑬人能信賴幾分　　　　　　淺野八郎著　180元
⑭我一定能成功　　　　　　　李玉瓊譯　180元
⑮獻給青年的嘉言　　　　　　陳蒼杰譯　180元
⑯知人、知面、知其心　　　林振輝編著　180元
⑰塑造堅強的個性　　　　　　坂上肇著　180元
⑱爲自己而活　　　　　　　佐藤綾子著　180元
⑲未來十年與愉快生活有約　船井幸雄著　180元
⑳超級銷售話術　　　　　　　杜秀卿譯　180元
㉑感性培育術　　　　　　　黃靜香編著　180元
㉒公司新鮮人的禮儀規範　　　蔡媛惠譯　180元
㉓傑出職員鍛鍊術　　　　　佐佐木正著　180元
㉔面談獲勝戰略　　　　　　　李芳黛譯　180元
㉕金玉良言撼人心　　　　　　森純大著　180元
㉖男女幽默趣典　　　　　　劉華亭編著　180元
㉗機智說話術　　　　　　　劉華亭編著　180元
㉘心理諮商室　　　　　　　　柯素娥譯　180元
㉙如何在公司頭角崢嶸　　　佐佐木正著　180元
㉚機智應對術　　　　　　　李玉瓊編著　200元
㉛克服低潮良方　　　　　　坂野雄二著　180元
㉜智慧型說話技巧　　　　　沈永嘉編著　　元
㉝記憶力、集中力增進術　　廖松濤編著　180元

• 精 選 系 列 • 電腦編號 25

①毛澤東與鄧小平　　　　渡邊利夫等著　280元
②中國大崩裂　　　　　　　江戶介雄著　180元
③台灣・亞洲奇蹟　　　　　上村幸治著　220元
④7-ELEVEN高盈收策略　　　國友隆一著　180元
⑤台灣獨立　　　　　　　　　森　詠著　200元
⑥迷失中國的末路　　　　　江戶雄介著　220元
⑦2000年5月全世界毀滅　　紫藤甲子男著　180元
⑧失去鄧小平的中國　　　　小島朋之著　220元
⑨世界史爭議性異人傳　　　　桐生操著　200元
⑩淨化心靈享人生　　　　　松濤弘道著　220元
⑪人生心情診斷　　　　　　賴藤和寬著　220元

⑫中美大決戰　　　　　　　　檜山良昭著　220元

・運 動 遊 戲・ 電腦編號 26

①雙人運動　　　　　　　　　李玉瓊譯　160元
②愉快的跳繩運動　　　　　　廖玉山譯　180元
③運動會項目精選　　　　　　王佑京譯　150元
④肋木運動　　　　　　　　　廖玉山譯　150元
⑤測力運動　　　　　　　　　王佑宗譯　150元

・休 閒 娛 樂・ 電腦編號 27

①海水魚飼養法　　　　　　　田中智浩著　300元
②金魚飼養法　　　　　　　　曾雪玫譯　250元
③熱門海水魚　　　　　　　　毛利匡明著　480元
④愛犬的教養與訓練　　　　　池田好雄著　250元

・銀髮族智慧學・ 電腦編號 28

①銀髮六十樂逍遙　　　　　　多湖輝著　170元
②人生六十反年輕　　　　　　多湖輝著　170元
③六十歲的決斷　　　　　　　多湖輝著　170元

・飲 食 保 健・ 電腦編號 29

①自己製作健康茶　　　　　　大海淳著　220元
②好吃、具藥效茶料理　　　　德永睦子著　220元
③改善慢性病健康藥草茶　　　吳秋嬌譯　200元
④藥酒與健康果菜汁　　　　　成玉編著　250元

・家庭醫學保健・ 電腦編號 30

①女性醫學大全　　　　　　　雨森良彥著　380元
②初為人父育兒寶典　　　　　小瀧周曹著　220元
③性活力強健法　　　　　　　相建華著　220元
④30歲以上的懷孕與生產　　　李芳黛編著　220元
⑤舒適的女性更年期　　　　　野末悅子著　200元
⑥夫妻前戲的技巧　　　　　　笠井寬司著　200元
⑦病理足穴按摩　　　　　　　金慧明著　220元
⑧爸爸的更年期　　　　　　　河野孝旺著　200元
⑨橡皮帶健康法　　　　　　　山田晶著　200元

⑩33天健美減肥　　　　　相建華等著　180元
⑪男性健美入門　　　　　孫玉祿編著　180元
⑫強化肝臟秘訣　　　　主婦の友社編　200元
⑬了解藥物副作用　　　　張果馨譯　200元
⑭女性醫學小百科　　　　松山榮吉著　200元
⑮左轉健康秘訣　　　　　龜田修等著　200元
⑯實用天然藥物　　　　　鄭炳全編著　260元
⑰神秘無痛平衡療法　　　林宗駛著　180元
⑱膝蓋健康法　　　　　　張果馨譯　180元

・心 靈 雅 集・電腦編號 00

①禪言佛語看人生　　　　松濤弘道著　180元
②禪密教的奧秘　　　　　葉逯謙譯　120元
③觀音大法力　　　　　　田口日勝著　120元
④觀音法力的大功德　　　田口日勝著　120元
⑤達摩禪106智慧　　　　劉華亭編譯　220元
⑥有趣的佛教研究　　　　葉逯謙編譯　170元
⑦夢的開運法　　　　　　蕭京凌譯　130元
⑧禪學智慧　　　　　　　柯素娥編譯　130元
⑨女性佛教入門　　　　　許俐萍譯　110元
⑩佛像小百科　　　　　心靈雅集編譯組　130元
⑪佛教小百科趣談　　　心靈雅集編譯組　120元
⑫佛教小百科漫談　　　心靈雅集編譯組　150元
⑬佛教知識小百科　　　心靈雅集編譯組　150元
⑭佛學名言智慧　　　　　松濤弘道著　220元
⑮釋迦名言智慧　　　　　松濤弘道著　220元
⑯活人禪　　　　　　　　平田精耕著　120元
⑰坐禪入門　　　　　　　柯素娥編譯　150元
⑱現代禪悟　　　　　　　柯素娥編譯　130元
⑲道元禪師語錄　　　　心靈雅集編譯組　130元
⑳佛學經典指南　　　　心靈雅集編譯組　130元
㉑何謂「生」　阿含經　心靈雅集編譯組　150元
㉒一切皆空　般若心經　心靈雅集編譯組　150元
㉓超越迷惘　法句經　　心靈雅集編譯組　130元
㉔開拓宇宙觀　華嚴經　心靈雅集編譯組　180元
㉕真實之道　法華經　　心靈雅集編譯組　130元
㉖自由自在　涅槃經　　心靈雅集編譯組　130元
㉗沈默的教示　維摩經　心靈雅集編譯組　150元
㉘開通心眼　佛語佛戒　心靈雅集編譯組　130元
㉙揭秘寶庫　密教經典　心靈雅集編譯組　180元

㉚坐禪與養生	廖松濤譯	110元
㉛釋尊十戒	柯素娥編譯	120元
㉜佛法與神通	劉欣如編著	120元
㉝悟（正法眼藏的世界）	柯素娥編譯	120元
㉞只管打坐	劉欣如編著	120元
㉟喬答摩・佛陀傳	劉欣如編著	120元
㊱唐玄奘留學記	劉欣如編著	120元
㊲佛教的人生觀	劉欣如編譯	110元
㊳無門關（上卷）	心靈雅集編譯組	150元
㊴無門關（下卷）	心靈雅集編譯組	150元
㊵業的思想	劉欣如編著	130元
㊶佛法難學嗎	劉欣如著	140元
㊷佛法實用嗎	劉欣如著	140元
㊸佛法殊勝嗎	劉欣如著	140元
㊹因果報應法則	李常傳編	180元
㊺佛教醫學的奧秘	劉欣如編著	150元
㊻紅塵絕唱	海　若著	130元
㊼佛教生活風情	洪丕謨、姜玉珍著	220元
㊽行住坐臥有佛法	劉欣如著	160元
㊾起心動念是佛法	劉欣如著	160元
㊿四字禪語	曹洞宗青年會	200元
(51)妙法蓮華經	劉欣如編著	160元
(52)根本佛教與大乘佛教	葉作森編	180元
(53)大乘佛經	定方晟著	180元
(54)須彌山與極樂世界	定方晟著	180元
(55)阿闍世的悟道	定方晟著	180元
(56)金剛經的生活智慧	劉欣如著	180元

・經 營 管 理・電腦編號 01

◎創新經營六十六大計（精）	蔡弘文編	780元
①如何獲取生意情報	蘇燕謀譯	110元
②經濟常識問答	蘇燕謀譯	130元
④台灣商戰風雲錄	陳中雄著	120元
⑤推銷大王秘錄	原一平著	180元
⑥新創意・賺大錢	王家成譯	90元
⑦工廠管理新手法	琪　輝著	120元
⑨經營參謀	柯順隆譯	120元
⑩美國實業24小時	柯順隆譯	80元
⑪撼動人心的推銷法	原一平著	150元
⑫高竿經營法	蔡弘文編	120元

國家圖書館出版品預行編目資料

吳式太極劍／王培生著，——初版
臺北市，大展，民86
　面；　　公分——（武術特輯；18）
ISBN 957-557-778-7（平裝）

1.劍術

528.975　　　　　　　　86014032

行政院新聞局局版臺陸字第100949號核准
本書由王培生先生授權中文繁體字版

ISBN 957-557-778-7

吳式太極劍

編 著 者／王　培　生
發 行 人／蔡　森　明
出 版 者／大展出版社有限公司
社　　　址／台北市北投區（石牌）致遠一路二段12巷1號
電　　　話／(02) 28236031・28236033
傳　　　眞／(02) 28272069
郵政劃撥／0166955－1
登 記 證／局版臺業字第2171號
承 印 者／國順圖書印刷公司
裝　　　訂／嶸興裝訂有限公司
排 版 者／千兵企業有限公司
電　　　話／(02) 28812643
初版1刷／1997年（民86年）12月

定　　價／200元